家庭农场主的
成功秘诀

JIATING NONGCHANGZHU DE
CHENGGONG MIJUE

赵海燕　徐广才　孙　哲　宝明涛　等◎编著

中国农业出版社
北　京

图书在版编目（CIP）数据

家庭农场主的成功秘诀/赵海燕等编著. —北京：
中国农业出版社，2020.8
ISBN 978-7-109-27054-1

Ⅰ.①家… Ⅱ.①赵… Ⅲ.①家庭农场－农场管理－
研究－中国 Ⅳ.①F324.1

中国版本图书馆 CIP 数据核字（2020）第 122099 号

中国农业出版社出版
地址：北京市朝阳区麦子店街 18 号楼
邮编：100125
责任编辑：边 疆 赵 刚
版式设计：王 晨 责任校对：吴丽婷
印刷：中农印务有限公司
版次：2020 年 8 月第 1 版
印次：2020 年 8 月北京第 1 次印刷
发行：新华书店北京发行所
开本：880mm×1230mm 1/32
印张：4.75
字数：150 千字
定价：35.00 元

本书编著者名单

赵海燕　徐广才　孙　哲
宝明涛　严　铠　成鹏远
刘仲妮

序 | Order

党的十九大提出"实施乡村振兴战略，积极培育新型农业经营主体，加快推进农业农村现代化，实现小农户和现代农业发展有机衔接"。自 2008 年十七届三中全会我国第一次提出将家庭农场作为农业规模经营主体之一以来，因其具有家庭经营、适度规模、市场化运作、企业化管理等显著特征，在我国现代农业发展中逐步壮大。根据国家统计局统计，截至 2018 年底，全国已建 60 万个家庭农场。家庭农场的建立一方面较好地解决了当前农业兼业化、农村空心化、农民老龄化形势下"谁来种地"的问题，另一方面，在实际操作过程中，因为各类农场主知识水平和技术水平有限，综合素质能力有待提高，在创办家庭农场的过程中希望能有做法可循，有经验可借鉴。家庭农场在乡村振兴战略实践中发展壮大，面临新的机遇和挑战。

北京农学院经济管理学院赵海燕教授及其研究团队，近几年来对家庭农场等新型农业经营主体进行持续研究。在中国工程院咨询研究项目"江苏省乡村振兴发展战略研究"支持下，对我国一些比较成功的家庭农场进行了较为系统的调研和分析，总结其成功经验和好的做法，并以农业部和中国科学技术协会共同编制的《农民科学素质教育大纲》为方向性和目标性指导，介绍了家庭农场主应知常识，解读了家庭

1

农场主应具备的综合素质及经营管理能力，梳理了家庭农场的多样化延伸，剖析了家庭农场的成功案例，为家庭农场主走向成功提供有益借鉴和参考。本书的编著者具有多年参与家庭农场及其管理实操、政策研究与培训等工作的经验，本书具有较好的理论性和实操性。

　　家庭农场主是家庭农场的所有者、劳动者和经营者的统一体，家庭农场主的素质和能力决定着家庭农场生产经营的成败。中国农业已进入由数量增长为重转到质量数量增长并重的阶段，推进现代农业高质量发展，必须有高素质农民为主体支撑。家庭农场主必须通过接受教育、培训和进行终身学习，掌握并及时更新相关的科学文化知识和先进实用技术，在社会主义市场经济的大潮中拼搏锤炼，使自己逐步成为高素质农民和高素质的家庭农场主。

　　我相信本书的出版对推动我国家庭农场的发展具有积极意义，特此作序。

邓秀新

2020 年 8 月

前言 | Foreword

《乡村振兴战略规划（2018—2022）》中提出"坚持家庭经营在农业中的基础性地位，构建家庭经营、集体经营、合作经营、企业经营等共同发展的新型农业经营体系，发展多种形式适度规模经营，发展壮大农村集体经济，提高农业的集约化、专业化、组织化、社会化水平，有效带动小农户发展。"家庭农场以家庭成员为主要劳动力，从事生产经营活动，并利用家庭承包土地或流转土地，从事规模化、集约化、商品化农业生产，保留了农户家庭经营的内核，坚持了家庭经营在农业生产中的基础性地位，适应了我国基本国情，是实现农业现代化与乡村振兴的重要推动力量。同时，随着相关政策的支持，我国涌现出一批规模适度、生产集约、管理先进、效益明显的家庭农场，吸引部分青年人返乡务农。而家庭农场不断提升农民获得感、幸福感、安全感，让农民成为有吸引力的职业。因此，加快培育家庭农场，对实现乡村振兴意义重大。

鉴于以上原因，笔者编写了《家庭农场主的成功秘诀》。本书在编写时力求从新型职业农民岗位分析入手，并综合原农业部与中国科学技术协会等部门编制的《农民科学素质教育大纲》，对农场主素质部分进行解读，以满足职业农民朋友在生产中的技术需求，语言简明扼要，注重实际操作，实用性较强。首先对家庭农场进行简要概述，让农民对家庭农场

1

有初步认识，在此基础上，介绍如何创办家庭农场以及如何对家庭农场进行经营管理，主要从家庭农场支持政策、规划、机械设备购买、雇工管理等方面进行详细介绍，并结合具体案例进行解读，可作为有关人员的培训教材、适合广大新型职业农民、基层农技人员学习参考。

本书的编著，源于国家相关政策，参考了许多学者的研究成果，得到了很多同行、专家的指导与帮助，在此一并感谢！然而，由于时间仓促、参编人员专业知识能力有限，虽力求完美，但难免存在各种不足和纰漏，希望读者对本书提出宝贵的意见与建议。

编著者

2020 年 7 月

目录｜Contents

目　录

家庭农场主应知常识

一

Q1 什么是家庭农场?

2014 年 2 月,农业部在《关于促进家庭农场发展的指导意见》中提出,家庭农场作为新型农业经营主体,以农民家庭成员为主要劳动力,以农业经营收入为主要收入来源,利用家庭承包土地或流转土地,从事规模化、集约化、商品化农业生产,保留了农户家庭经营的内核,坚持了家庭经营的基础性地位,适合我国基本国情,符合农业生产特点,契合经济社会发展阶段,是农户家庭承包经营的升级版,已成为引领适度规模经营、发展现代农业的有生力量。

家庭农场经营是以家庭经营为主的新型农业生产形式,要求农场的主要劳动力为农场主及家庭成员,农业生产经营要达到一定的规模,能够提升单位面积产量,且农场生产的农产品除自给自足外应售卖到市场上。

家庭农场属于新型农业经营主体,区别于传统农户家庭经营的自给自足、小规模、家庭式管理。农户家庭只是简单的农业生产者;家庭农场属于完全的农业经营者,需要在竞争激烈的市场环境中进行经营管理,其经营目的是追求利润最大化,在生产规模、专业化、标准化上都比农户家庭经营高,需要考虑规模扩大、品牌传播、产品销售市场拓展等问题。因此,家庭农场主相较于传统家庭经营的农户也需要具备更强的职业素养和专业技能。在我国,一般情况下,较为普遍的是 100 亩①左右的小型家庭农场;300~400 亩的为中型家庭农场;600~700 亩的为大型家庭农场。

① "亩"为非法定计量单位,1 亩＝1/15 公顷。——编者注

Q2 家庭农场的特征有哪些?

（1）**以家庭成员为主要劳动力** 家庭农场以家庭为生产经营单位，主要依靠家庭成员而不是雇工从事生产经营活动，仅在农忙季节有少量的季节性雇工。家庭农场以家庭为基础进行农场生产、要素投入、产品销售、运营管理等环节。家庭成员劳动力可以是户籍意义上的核心家庭成员，也可以是有血缘或姻缘关系的大家庭成员。

（2）**主要从事农业生产活动** 家庭农场主要进行种养专业化生产。区别于自给自足的小农户以及从事季节性生产的半农户，家庭农场主要提供商品性的产品。家庭成员在农闲时可以外出打工，但其主要的工作场所仍然是所在农场，且其主要收入来源是农场生产经营收入。

目前，家庭农场主要分为三大类，分别为种植类家庭农场、养殖类家庭农场和种养结合类家庭农场。各类型农场经营对资金、技术、农场主素质等要求具有一定的差异性（表1-1）。

表1-1　家庭农场类型

类型	具体形式	创建要求
种植类家庭农场	粮食生产类、蔬菜生产类、果树生产类等	自然资源禀赋好、具备相对的管理技术
养殖类家庭农场	畜养殖类、禽养殖类、水产养殖类等	对资金、专业知识、先进技术及管理能力要求较高
种养结合类家庭农场	种植和养殖结合	综合性强，对技术、资金等要求较高

（3）**农场规模适宜** 家庭农场的适度规模经营主要体现在两方面：一是种养规模要同家庭成员的劳动生产能力和经营管理农场的能力相匹配，符合地方规模经营标准，确保家庭成员能够胜任农场生产经营任务；二是能够取得相对较好的收入，不但能够满足生活需求，而且能够维持农场的良好运作，在收入水平上能

够接近甚至达到城镇居民的收入水平。

根据我国农业地理特征和家庭农场的发展状况，我国现有的家庭农场主要分为四个模式：东北模式、华北模式、南方模式、西北模式。各个模式下的家庭农场在自然资源禀赋条件、生产规模、经营特点等方面具有很大的差异性（表1-2）。

表1-2 家庭农场模式

模式	特点	经营对象
东北模式	经营规模较大、机械化水平高、边境贸易发达	粮食、林业
华北模式	特色化经营、区域合作性强	蔬菜、粮食
南方模式	土地流转快、劳动力素质高、政策支持力度大	水稻、水产、林业
西北模式	规模化林牧业、节水农业	畜牧业、种植业

Q3 家庭农场经营的好处是什么？

（1）规模化生产，收益显著 家庭农场是农场主在传统经营的基础上，通过周边土地流转，扩大经营规模，形成集中连片的种植区域或规模化养殖，以便于进行机械化生产和统一管理，使生产效率大幅提高。而且家庭农场经营在政府补贴的基础上，可以将更多的资本进行整合利用，进一步引进先进的农业科技来辅助生产，如土肥监控、病虫监测、疾病预防等，可极大提高管理效率。长期来看，这不仅达到了节约生产成本的目的，而且也起到了示范推广农业高新技术的作用。规模化生产可以将闲置土地集中流转，充分利用土地资源，解决种地问题。

（2）标准化生产，优质优价 从投入品来说，家庭农场使用安全有效的病虫防治药剂和专业标准的施药方式，并可通过机械化和信息化的方式精确控制施药量，有效减少农药污染。从产品来看，家庭农场实行的标准化生产可以保证产品的质量，甚至提高生产标准，生产有机农产品。这样，产品的质量有保证，竞争力更强，消费者也可以更加放心地购买。

（3）**科技引领，前景广阔** 一方面，家庭农场可以加入农业保险，提高抵抗自然灾害的能力，而且还可以得到政府的专项补贴和政策支持，发展环境良好，可以不断地提质增效，提高经济效益。另一方面，家庭农场是现代农业的一个发展方向，在发展过程中可以不断提高生产的机械化率和信息化率。家庭农场还承担着科技示范推广的重要作用，可以带动周边的发展。

总的来说，家庭农场一方面坚持以传统农户经营为主的生产特性，另一方面又通过土地流转和闲置土地的利用，实现规模化生产，从而在一定程度上解决了长久以来传统农业经营分散、规模小等问题。最重要的是，家庭农场经营是解决农业兼业化、农村空心化、农民老龄化等问题的一个好办法。

Q4 创办家庭农场应具备哪些条件？

（1）**土地规模化经营** 土地规模化是发展家庭农场的前提条件。首先，农业劳动力从农村转移到城市，从农业转移到非农业，家庭联产承包责任制下的这部分未转移劳动力便有可能将已转移农业劳动力所承包的土地进行流转，实现规模化的家庭农场建设。其次，家庭农场主必须考虑流转土地使用权的稳定性，若家庭农场每年的土地规模变化太大或者流转周期偏短是不利于农场经营的。土地流转的前提是界定和保障土地产权，其内容主要包括两方面：一是保障农民的土地承包经营权，农民土地承包经营权是农民从事生产经营活动的基础和前提，农民土地承包经营权的保障有利于提高农民的生产积极性，使家庭农场持续运营；二是流转后要保障土地经营使用权，有了土地经营使用权，农民可以安心流转土地，避免土地承包经营权受损或丧失。

（2）**资金持续性投入** 创建家庭农场需要有一定的本钱及可靠的融资渠道。首先，农场土地流转、农场灌溉、道路铺设等项目需要大量资金投入；其次，农场规模化经营需要购买或租赁机械化设备，这也需要长期的资金投入；最后，由于农业投入很难形成固定资产，风险大，生产周期长，效益产出慢，农场后期想扩大规模可能会面临融资问题。因此，农场主除获取政策补贴之外，还需寻求合作，并建立长期稳定的融资合作，保障农场发展建设中的资金需求，进而实现稳定发展。

（3）**素质综合化提升** 家庭农场虽区别于企业，但家庭农场的规模化、集约化、商品化等经营特点，要求家庭农场主必须由传统意义上的农户向新型职业农民转型。家庭农场作为一种新型农业经营主体，在激烈的市场竞争中，不仅需要有序进行内部管理，还需要有效推动外部经营，这就要求家庭农场主不仅要懂农业种养生产技术，还要有文化、有理念、会经营、善管理，善于社会交流，拓宽自己的销售渠道，打响自己的品牌。一方面需要家庭农场主培养和提高自身素质；另一方面则更大程度上有赖于政府或者公共组织的培养和引导。

（4）**服务保障性配套** 农业社会化服务是指在家庭承包经营的基础上，为农业产业链条的各环节提供服务的各类机构组织和农户个体所形成的网络。它是由农业科技服务、农业信息服务、农产品流通服务、农村金融服务等多个子系统组成的相互作用、相互融合的综合体。有意发展家庭农场的农场主可以通过相关的组织、机构、公司等了解相关信息，可以通过指定的金融机构获得创建农场所需的资金，可以在后期的农业生产中获取相关的仓储租赁、技术指导、生产培训等服务。农业社会化服务发展越成熟，越有利于家庭农场的产生和发展。因此，家庭农场主需要了解当地的社会化服务发展状况。

家庭农场主应解决的问题

二

Q1 家庭农场如何融资？

融资是指为取得超过自有现金的货款或资产而筹集资金取得货币的过程。企业的发展壮大，就必须拥有相应资产或者货币，这就需要通过融资来解决。通常意义上来说，广义上的融资是指资金的流入和流出，是在资金双向流动过程中合理筹集和运用资金，从而有效提升资金利用率，对资源的优化配置起关键作用；狭义上的融资仅仅是指通过各种渠道、方式筹集资金以满足融资主体对于资金的货币需求。

家庭农场的融资，首先有利于家庭农场的资金流动，在农村信用社贷款、工商资本和民间借贷发展有限的情况下，我国加强了对农村金融创新的改革力度，如农村惠普金融等，有效地缓解了家庭农场主为钱所困的压力，增加了农场主的资金流动。其次有利于加强家庭农场抗风险的能力，由于家庭农场经营受自然环境的影响较大和农产品的季节性等，融资可以有效规避因资金短缺而无法进行生产的局面，进而解决不可预见的风险问题。最后有利于促进经济建设又好又快发展，随着经济全球化的发展，农产品更加高效快捷地进入市场，家庭农场主可以充分利用融资，提高生产规模，进而带动农民增收。

家庭农场是一个特殊的企业法人，在发展过程中融资难是家庭农场面临的最大问题之一。随着家庭农场设立条件的放宽，家庭农场和企业组织一样具有独立的法人资格，能够通过金融机构、非金融机构等获得贷款。家庭农场通常有三个途径来实现融资：通过国家财政补贴制度，通过商业银行的贷款融资，通过自筹资金（图 2-1）。

国家财政补贴制度：是指国家根据各地自然资源、农业当前发展现状等的不同，给予家庭农场的财政补贴。补贴的项目具有

8

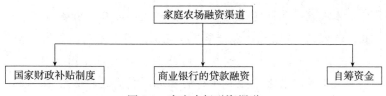

图 2-1 家庭农场融资渠道

多样化，财政补贴政策也存在一定差异。农场主可根据相应国家政策申请此类补贴。

　　贷款融资：是指融资贷款银行（农业银行、农村商业银行、农村信用社等）为家庭农场提供相应的资金贷款等金融帮助。农场主可根据商业银行对家庭农场的贷款要求申请此类资金。

　　家庭农场向银行申请贷款时，需要准备的材料主要包括：家庭农场银行贷款申请书、家庭农场营业执照及其介绍、家庭农场法人身份证及法人介绍、家庭农场三证（《农村土地承包经营权证》《林权证》《农村土地承包经营权流转合同》）、家庭农场中已有的农机具证明、近三个月的资产负债表和财务说明、还款计划说明。以上材料都需要加盖申请办理贷款的家庭农场的公章。

　　自筹资金：是指家庭农场依靠自身积累进行融资，主要由家庭农场的留存收益和折旧组成。它是家庭农场为了满足基础设施投入的需要，且难以从金融机构取得贷款时采取的融资方式。

案例1 家庭农场贷款申请书范例

家庭农场贷款申请书

　　我叫×××，我是×××村人，×××年在×××散养×××。这里阳光充足，水质良好，有很好的草料，很适合发展规模养殖业。自散养×××以来，我坚持严格的饲养管理模式，不断提高养殖技术水平，按照标准化的生产方法，在养殖方面取得了明显的效益。

　　本人在×××年共养殖×××1 000余只，出售×××只，收入约10万元；支付季节性雇工工资5万元，支付运费2万元，……，支付饲料费、防疫费、管理费等约4万元。当前村中存在着大量无人耕种的土地，我愿流转这些土地并大力发展养殖业，建立家庭农场。现申请贷款金额50万元，资金主要用于两部分花销。一是支付费用。包括支付季节性雇工工资5万元，支付运费2万元，支付饲料费、防疫费、管理费等约4万元……各种费用共计花费20万元。二是开发村中无主荒地，开办家庭农场。包括购置固定资产10万元，租赁员工支付工资5万元，购置家庭农场经营所需牲畜、作物、种苗等5万元……经营农场共计花费30万元。

　　特此申请，敬请上级部门给予批准！

申请人：×××
联系电话：××××
××年××月××日

Q2 家庭农场如何获得土地？

　　目前，《中华人民共和国农村土地承包法》（以下统称《农村土地承包法》）的修改，为乡村振兴注入了新动能。我国在维护农民土地权益的同时，充分激发土地资源效能，鼓励和支持承包土地向专业大户、家庭农场、农民合作社流转，其中家庭农场的形式尤为典型。那么创办家庭农场时具体怎样获得土地？土地的使用年限是多久？

　　（1）土地流转的方式及其注意事项

　　①转包　转包是指承包人把自己承包的部分或全部土地以一

定条件发包给第三者。在承包方与第三者确定承包关系后，承包方与发包方依据土地承包合同的权利、义务关系不变。

注意事项：承包方与发包方双方签字盖章并到村集体经济组织登记备案，说明流转土地的基本信息、时间、用途等问题。

②出租 出租是指农户将部分或全部土地的承包经营权以一定的期限出租给他人来从事生产经营活动。出租后原土地的承包关系不变，农民继续履行原土地承包合同规定的权利和义务。

注意事项：出租人应将地上建筑物及其他附属物随同土地使用权同时租赁。承租人必须按照土地使用权出让合同规定的期限和条件投资开发和利用土地。

③互换 互换是指农民之间为方便耕种或者各自需要，对于同一集体经济组织的承包地进行交换，同时交换相应的土地承包经营权。

注意事项：互换以双方通过家庭承包方式取得有效土地承包经营权为前提。互换的双方仅限于本集体经济组织的农户，土地承包经营权可以等价互换，也可以不等价互换，在不等价的情况下，可以用金钱补足差价。

④转让 转让是指农民有稳定的非农职业或有稳定的收入来源，经农民申请和发包方同意，将部分或全部土地承包经营权让渡给其他从事农业生产经营的农户，由其履行相应的土地承包合同的权利和义务。土地转让后，原土地承包关系自行终止，原农民承包期内的土地承包经营权部分或全部消失。

国有土地使用权转让的注意事项：一是转让合同的形式。国有土地使用权转让应当签订书面转让合同，明确双方的权利和义务。土地使用权转让时，土地使用权转让合同和登记文件中所载明的权利、义务随之转移。二是国有土地的权属调查和资信能力调查。转让合同签订之前，要对转让方的转让主体资格进行核实，转让方须是国有土地使用证上载明的土地使用者。土地使用者为国有或集体单位的，应提交有资产处分权的机构出具的同意转让的证明。转让方需要认真审查受让方的资信能力，包括银行资金证明、有无重大债务纠纷等内容，以免造成土地使用权转让后资金无法收回的结局。三是转让价格评估事宜。转让前，应该对土地转让价格进行评估，若土地使用权转让价格明显低于市场价格，市、县人民政府有优先购买权。土地使用权转让的市场价格不合理上涨时，市、县人民政府可以采取必要的措施予以调控，尤其是转让方为国有单位时，国有土地及相关资产须经法定估价机构估价，并经国土部门予以确认。四是有土地使用权转让的担保。拟转让的国有土地使用权是否存在问题，是受让方必须关注的。转让合同签订之前，受让方必须到国土部门、房地产主管部门对拟转让的国有土地使用权进行调查，核实有无抵押、是否采取司法限制。鉴于有无土地权属及相关争议不易调查，加之受让方的履约能力难以判断，应明确双方相互提供担保。

⑤入股　入股是指实行家庭承包方式的承包方之间为发展农业经济，将土地承包经营权作为股权自愿联合从事农业合作生产。

注意事项：一是入股应当在坚持农户家庭承包经营制度和稳定农村土地承包关系的基础上，遵循平等协商、依法、自愿、有偿的原则。农村土地承包经营权流转不得改变承包土地的农业用途，流转期限不得超过承包期的剩余期限，不得损害利益关系人和农村集体经济组织的合法权益。二是土地出资是使用权出资，而不是所有权。

（2）家庭农场用地政策

①保障相关用地　家庭农场直接用于工厂化作物栽培的连栋温室、规模化养殖的畜禽圈舍、畜禽有机物处置场所、水产养殖池塘、工厂化养殖池和进排水渠道、育种育苗场所、简易生产看护房等生产设施用地；设施农业生产必须配套的检验检疫监测、动植物疫病和病虫害防控、畜禽养殖粪便及污水处置场所，生物

质（有机）肥料生产设施，农产品临时存储及分拣包装场所等附属设施用地；规模化粮食生产必需配套的晾晒场、粮食烘干设施、粮食和农资临时存放场所、大型农机具临时存放场所等配套设施用地，其性质均属于农用地，按农用地管理，不需办理农用地转用审批手续。涉及占用林地的，按照林地占用相关法律法规要求办理林地占用手续。

②土地流转向家庭农场倾斜　按照稳定和完善农村基本经营制度的要求，充分尊重农民的家庭土地承包经营权和土地流转的主体地位，推进土地流转。本村集体经济组织成员建立的家庭农场，同等条件下可以享有土地流转后的优先承包经营权。鼓励有条件的地方整合相关项目资金，按照农业发展规划建设连片成方、旱涝保收的优质农田，优先流转给示范性家庭农场。健全土地流转服务体系，市、县、乡、村土地流转服务机构，要为家庭农场提供法律咨询、供求登记、信息发布、中介协调、指导签证、代理服务、纠纷调处等服务。

（3）**家庭农场土地使用年限**　涉及家庭农场的土地一般以农村集体承包地为主，其使用年限应不超过承包年限。

耕地是指种植农作物的土地。关于耕地的承包期，党的十九大提出，保持土地承包关系稳定并长久不变，第二轮土地承包到期后再延长30年。为充分保障农民土地承包权益，进一步完善农村土地承包经营制度，推进实施乡村振兴战略，现保持农村土地（指承包耕地）承包关系稳定并长久不变。草地的承包期为30～50年。林地的承包期为30～70年。

Q3 家庭农场如何办理申报手续?

（1）申报家庭农场的前提

①经营规模较稳定的家庭农场根据所属行业不同有不同的规

模标准，各类家庭农场主需多留意（表 2-1）。

表 2-1 不同类型的家庭农场规模标准

名称	规模要求
种植业	经营流转期限 5 年以上且集中连片的土地面积达到 30 亩以上。其中，粮油作物种植面积达到 50 亩以上，水果种植面积达到 50 亩以上，茶园面积达到 30 亩以上，蔬菜种植面积达到 30 亩以上，食用菌种植面积达到 1 万平方米或 10 万袋以上
畜禽业	生猪年出栏 1 000 头以上，肉牛年出栏 100 头以上，肉羊年出栏 500 头以上，家禽年出栏 10 000 羽以上，家兔年出栏 2 000 只以上
水产业	经营流转期限 5 年以上且集中连片的养殖面积达到 30 亩以上（特种水产养殖面积达到 10 亩以上）
林业	山林经营面积达到 500 亩以上，苗木花卉经营面积达到 30 亩以上，油茶经营面积达到 80 亩以上，中药材经营面积达到 30 亩以上
综合类	综合性农场，应含种植业、畜禽业、水产业、林业、烟叶类型中的 2 种以上，并且每种类型达到相应规模的 1/2 以上；旅游、特色种养、休闲观光为一体的综合性农场，面积在 10 亩以上，餐饮住宿设施齐全

②产业宜精不宜多 家庭农场经营的产业种类为 1～2 种最为适宜，这样经营者才会精通技术，有效地提高产品的质量和土地生产力。我国倡导家庭农场的重要原因就是可以解决土地面积减少、耕地资源日渐珍贵的问题。如果家庭农场经营的种类过多，就会产生"多而不精通"的问题，必将造成土地资源的浪费。

③以家庭劳动力为主 家庭农场要以农业收入为主要收入来源，其农业收入应占家庭总收入的 60% 以上，年总收入在 10 万元以上；家庭农场在劳动力方面主要以家庭劳动力为主，可雇佣一定数量的短期雇工、无常年雇工或常年雇工数量不超过家庭务农人员数，否则就不能称之为家庭农场，只能称之为农业企业。

④农场主是农民身份 国家鼓励和支持家庭农场就是为了提高农民收入，特别是靠自己的劳动与智慧勤劳致富的农民。所以家庭农场经营者应具有农村户口，即应该是农民，尤其是本土的

农民，可以理解为：凡是在农村拥有土地承包经营权者就是农民，否则就不能认定为农民。

（2）**申报家庭农场的流程**　对于符合家庭农场认定条件的农户，可根据相关规定向当地乡（镇）农技推广部门提出申请，经专业技术人员现场认定后方可填写《家庭农场认定申请表》、签署意见。农户持签署意见的《家庭农场认定申请表》，向所在地工商分局（所）申领营业执照（图 2-2）。

图 2-2　申报家庭农场的流程

①申请　符合家庭农场认定条件的农户向家庭农场经营地的所在村（社区）提出申请，并填写和附带以下材料：《家庭农场认定申请表》、土地承包或土地流转相关证明文件的复印件、家庭农场经营者资格证明和户口本复印件、家庭农场固定从业人员身份证复印件。

②初审　村（社区）对申报材料和申请农户进行初审，对符合条件的家庭农场，在《家庭农场认定申请表》上签发意见。

③复审　镇（街道）农村工作部门对申报材料进行复审，提出复审意见，并将材料报送至市（县）、区农村工作部门。

④认定　根据上报材料，市（县）、区农村工作部门进行认定工作，对认定合格的家庭农场进行登记、建档，并颁发《家庭农场证书》。各地家庭农场的认定标准有所不同，经归纳整理，主要有以下认定标准：a. 土地流转以双方自愿为原则，并依法签订土地流转合同；b. 土地经营规模：水田、蔬菜和经济作物经营面积在 30 公顷以上，其他大田作物经营面积在 50 公顷以上，土地经营相对集中连片；c. 土地流转时间：10 年以上（包括 10 年）；d. 投入规模：投资总额（包括土地流转费、农机具投入等）达到 50

万元以上；e. 有家庭农场的创办方案规划书等文件。

⑤备案 为了保证对家庭农场的管理，各市（县）、区农村工作部门应及时将已经认定的家庭农场报市级农村工作部门及时备案。

（3）**家庭农场申报的注意事项** 一是行政管理机关负责家庭农场的主体资格等级工作，家庭农场可根据自身发展规模、经营特点向行政管理机关申请登记为个体工商户、个人独资企业、合伙企业或有限责任公司。二是家庭农场申请登记为不同形式的主体应符合其要求（表2-2）。

表2-2 家庭农场登记种类及其要求

登记种类	要求
个体工商户	家庭经营形式
个人独资企业	投资人应以家庭共有财产出资
合伙企业	合伙人应分别属于两个以上不同家庭且合伙人之间有亲属关系
有限责任公司	股东应是有亲属关系的家庭成员

三是家庭农场申报时，还需提交以下材料（2-3）。

材料序号	内容
1	家庭农场所在地村民委员会与农场主签署的合同承包期或流转期为五年以上的土地承包合同或者土地流转合同复印件；经家庭农场所在地村民委员会鉴证或备案的土地承包户与农场主签署的流转期为五年以上的土地流转合同复印件；经家庭农场所在地村民委员会鉴证或备案的土地股份合作社与农场主签署的流转期为五年以上的土地流转合同复印件
2	登记为个体工商户、个人独资企业或股东来自一个家庭的有限责任公司类型的家庭农场，需提供表明家庭农场的主要劳动力或生产经营者属于同一个家庭的户口簿复印件，或者其他能够证明家庭农场的主要劳动力或生产经营者属于同一个家庭的证明文件

（续）

材料序号	内容
3	登记为合伙企业，或股东来自两个以上有亲属关系的家庭且类型是有限责任公司的家庭农场，提交所在地村民委员会证明的、表明家庭农场的主要劳动力或生产经营者属于两个以上有亲属关系的家庭户口簿复印件，或者其他能够证明家庭农场的主要劳动力或生产经营者属于两个以上有亲属关系的家庭证明文件

Q4 家庭农场如何纳税?

　　种植业、养殖业等行业税收适用于家庭农场的税收规定，其涉及的税收均为免征或不征，但家庭农场的房产、花卉盆景等对外出租、餐饮服务等取得的营业收入，均要缴纳相关税费。以下是与家庭农场有关的税种（表2-4）。

表2-4　与家庭农场有关的税种

税种	具体规定
货物劳务税	《增值税暂行条例》规定："农业生产者销售的自产农业产品"属免征项目，具体指直接从事"种植业""养殖业""林业""牧业""水产业"的单位和个人生产销售自产的初级农业产品。 　《营业税暂行条例》规定：农业机耕、排灌、病虫害防治、植保、农牧保险以及相关技术培训业务，家禽、水生动物的配种和疾病防治项目免征营业税。 　《财政部国家税务总局关于对若干项目免征营业税的通知》和《国家税务总局关于农业土地出租征税问题的批复》相关规定：对农村、农场和农民个人将土地使用权转让给农业生产者用于农业生产，或将土地承包给个人或公司用于农业生产，收取固定租金，免征营业税、城建税、教育费附加和地方教育附加

17

（续）

税种	具体规定
所得税	《财政部国家税务总局关于农村税费改革试点地区有关个人所得税问题的通知》《财政部国家税务总局关于个人独资企业和个人合伙企业投资者取得种植业养殖业饲养业捕捞业所得有关个人所得税问题的批复》规定：个体工商户、个人独资企业、个人合伙企业或个人从事种植业、养殖业、饲养业、捕捞业，其投资者取得的"四业"所得暂不征收个人所得税；《企业所得税法》第27条和《企业所得税法实施条例》第86条规定企业从事农、林、牧、渔业项目的所得，可以免征、减征企业所得税
财产行为税	《中华人民共和国城镇土地使用税暂行条例》《财政部国家税务总局关于房产税城镇土地使用税有关政策的通知》规定：直接用于农、林、牧、渔业的生产用地免缴城镇土地使用税。在城镇土地使用税征收范围内经营采摘、观光农业的单位和个人，其直接用于采摘、观光的种植、养殖、饲养的土地，免征城镇土地使用税。 《车船税暂行条例》规定：拖拉机、捕捞（养殖）渔船免征车船税。 《财政部国家税务总局关于农用三轮车免征车辆购置税的通知》规定：对农用三轮车免征车辆购置税。《契税暂行条例实施细则》规定，纳税人承受荒山、荒沟、荒丘、荒滩土地使用权，用于农、林、牧、渔业生产的，免征契税

Q5 家庭农场如何申领补贴？

现在国家对家庭农场的补贴政策十分重视，不同类型的家庭农场可申报不同的补贴。有的补贴政策适合所有的家庭农场，有的只适合一定类型的家庭农场（表2-5）。

表 2-5　我国部分地区家庭农场补贴标准（2018）

地区	时间	政策文件	补贴标准
广西壮族自治区贵港市港北区	2018 年 11 月 6 日	《港北区 2018 年家庭农场发展资金使用方案》	每个家庭农场扶持资金 8 万元
福建省漳州市龙海市	2018 年 11 月 28 日	《龙海市 2018 年中央农业生产发展资金（家庭农场项目）实施方案》	每家家庭农场补助 8 万元，补助方式主要采取"先建后补"方式
安徽省合肥市庐江县	2018 年 11 月 1 日	《庐江县支持农业部监测家庭农场发展项目实施方案》	原则补助标准为每家 5 万元，但考虑到每家家庭农场发展水平不一样，因此会评一、二、三等级，被评为三等的家庭农场带动的贫困户社员数量达到 10 户以上的，补助标准可提高到 4.5 万元；对于地处贫困村的家庭农场，流转贫困农户土地 500 亩以上和雇佣贫困户务工就业达 30 户以上的，补助标准最高可达 6 万元
江西省吉安市吉水县	2018 年 11 月 6 日	《吉水县 2018 年农民合作社和家庭农场发展项目实施方案》	每个家庭农场 8 万元
海南省三亚市	2018 年 2 月 6 日	《2018 年农业生产社会化支持家庭农场项目实施方案》	通过"以奖代补"的方式，重点支持典型引领的家庭农场，每个家庭农场 8 万元，用于规范流转土地（水面）、健全管理制度、应用先进技术、加强农田基础设施建设、加强海洋渔业养殖设施建设、开展标准化生产、开展典型家庭农场监测工作

（续）

地区	时间	政策文件	补贴标准
吉林省长春市德惠市	2018 年 9 月 5 日	《德惠市 2018 年中央财政农业生产发展资金粮食适度规模经营（支持家庭农场和全程社会化服务）项目实施方案》	对典型家庭农场发展的项目按照投资金额的比例给予补贴，但补助金额最高不超过 5 万元

（1）**申请条件**　土地集中经营、经营规模相对较稳定、土地承包期达到 5 年或以上，同时必须持有"三证"（《农村承包土地经营权证》《林权证》以及《农村承包土地经营流转合同》）的家庭农场才可以申领补贴。

（2）**申请所需的材料**　申请人需提供申请书、家庭农场营业执照、家庭农场介绍、土地承包经营产权证明、个人身份证及无不良信用记录等，到当地工商管理部门进行登记。

以上是 2018 年部分地区对家庭农场补贴标准。由于经济发展水平、自然资源等存在差异，各地补贴标准有所不同，农场主可以查询当地政府发布的文件或向工商部门咨询具体补贴标准。

（3）**补贴类型**　国家对家庭农场的补贴大致可分为 6 类：

①广泛性补贴　所有农场均可申请基础设施建设补贴，但需要注意，农场建设前需同当地政府沟通和申请，对农庄建设进行立项，避免事后申请，否则可能导致无法拿到配套设施建设补贴。

②产业类农场可申报补贴　家庭农场涉及的产业不同，可申报的补贴也不同（表 2-6）。

表 2-6　各类产业可申报的补贴

产业名称	可申报的补贴
蔬菜产业、水果产业、茶叶产业等	可以申报农业农村部的园艺作物标准园建设项目，每个项目补贴 50 万～100 万元，要求设施 200 亩以上、露地 1 000 亩以上
林业产业	可以申报林业局的名优经济林示范项目，每个项目 200 万元以上；林业局林下经济项目，一般补贴在 10 万～30 万元。可以申报成为国家林下经济示范基地、国家绿色特色产业示范基地
加工产业	农业局农产品产地初加工项目、农业局开发性金融支持农产品加工业重点项目、工信局技术提升与改造工程项目。农业局农产品加工创业基地、农产品加工示范单位

③观光餐饮类农场：此类农场可以向文化和旅游局申请旅游专项资金、旅游扶贫资金、贫困村旅游扶贫项目资金（家庭农场是贫困村建设的项目）、"三品一标"认证及相关补贴。

④运动体验类农场：此类家庭农场的特色是打造环境优雅、运动拓展、活动体验、亲子教育的农场，具有教育体验意义，可以申请教育部的教育基地、学生课外实践基地儿童及青少年见学基地资金。

⑤特色类农场：此类家庭农场是依托农场所在地的特色文化、特色饮食、少数民族文化等特有的产品和文化所建设的，因此此类家庭农场可以向当地宣传部门和文化部门等申请文化产业发展专项资金。

⑥科教类农场：此类家庭农场是现代农业技术较先进、自主研发与试验示范较强的农场，可以提供现代农业技术的展示、体验，让人们认识与体验现代农业的进步与技术发展。这类农庄主要涉及的是科技局的相关项目，如农业科技成果转化、科技推广与集成技术示范项目等。

综上所述，从当前农业一、二、三产业融合发展趋势来看，家庭农场发展也并非是单一化的种植类或养殖类等，往往是多种类型的结合，如种养加一体、休闲观光一体等形式，因此在家庭农场申报补贴时，家庭农场主可以对家庭农场符合的类型进行分解，可以申领符合该类型的补贴。

家庭农场主的经营管理之策

Q1 家庭农场的支持政策有哪些？

（1）**农村土地政策**　土地一直以来都是农民最关心的问题。近年来，国家一直对土地政策进行适当的调整，表 3-1 为 2019 年农村土地政策情况。

表 3-1　2019 年农村土地政策情况

土地政策	主要内容
宅基地有偿使用	对于超出一户一宅的宅基地，国家不会收回，但要向国家交纳一定的税费；国家鼓励有偿退出宅基地
土地先赔后征	国家在征用农民的土地之前会进行一定比例的补偿，解决了土地强征等问题
农村土地入市	农村土地与国有土地同等入市、同价同权
保护基本农田	优先保护永久基本农田，并要求在基本农田集中区域禁止建造污染土壤的项目，一旦发现予以罚款处理
启动家庭农场培育计划	采取优先承租流转土地等方式，鼓励有长期稳定务农意愿的小农户稳步扩大规模，培育一批规模适度、生产集约、管理先进、效益明显的农户家庭农场
实施最新《农村土地承包法》	土地承包经营权可流转；国家鼓励培肥地力，但不鼓励进行非农建设；土地经营权可向金融机构进行融资担保
拆迁赔偿金额提升	结合当地综合地价进行赔偿

①宅基地有偿使用　我国的宅基地实施一户一宅政策，对于超出的宅基地，国家不会强制收回，但是需要向国家交纳一定的税费。另外，国家鼓励农民有偿退出宅基地，但不得违背农民意愿。

②土地先赔后征　以前在征用农民土地时，由于各项制度还不够完善，没有与农民达成协议就直接征用农民土地，导致了很多问题的发生。但实行土地先赔后征制度后，政府在征用土地之前要先支付补偿金，补偿金额一般不超过被征地每年收入的 30

24

倍，此制度的实施有效解决了强征土地等问题。

③农村土地入市　构建归属清晰、权责明确、保护严格、流转顺畅的农村集体产权制度，促进农村资源要素商品化，实现农村土地与国有土地一起同等入市、同价同权，进一步提升土地价值，这可为家庭农场主带来更大红利。

④保护基本农田　在农用耕地方面建立土地分类管理制度，主要分为优先保护类、严格管控类和安全利用类。在这些分类中会优先保护永久基本农田，实行严格的保护制度，并要求在基本农田集中区域禁止建造污染土壤的项目。一旦发现存有污染土地项目的企业，将进行关停拆除，并予以罚款处理。

⑤启动家庭农场培育计划　中共中央办公厅、国务院办公厅联合印发了《关于促进小农户与现代农业发展有机衔接的意见》，《意见》指出，采取优先承租流转土地等方式，鼓励有长期稳定务农意愿的小农户稳步扩大规模，培育一批规模适度、生产集约、管理优先、效益明显的农户家庭农场。

⑥实施最新《农村土地承包法》第九条规定：承包方承包土地后，享有土地承包经营权，可以自己经营，也可以保留土地承包权，流转其承包地的土地经营权，由他人经营。第十一条规定：未经依法批准不得将承包地用于非农建设。国家鼓励增加对土地的投入，培肥地力，提高农业生产能力。第四十七条规定：承包方可以用承包地的土地经营权向金融机构融资担保，并向发包方备案。受让方通过流转取得的土地经营权，经承包方书面同意并向发包方备案，可以向金融机构融资担保。

⑦拆迁赔偿金额提升　土地拆迁将不会按照农作物的年产值进行估算，估算方式转变成结合当地综合地价进行赔偿，增加了对农民的赔偿金额，畅通了农场主发展渠道。

（2）**农业补贴政策**　国家不断加大对"三农"的支持力度，表3-2为最新的农业补贴政策，是给广大农业从业者的又一重大福利。

表 3-2　农业补贴政策

补贴政策	主要内容
农机补贴	一台农机的购置税最高能够享受 3 万元的补贴金额
良种补贴	水稻 15 元/亩；小麦、玉米、花生 10 元/亩
有机肥补贴	使用有机肥可根据不同地区享受 150～480 元的补贴；国家优先补贴生产有机肥的家庭农场主；加大对农机肥施用机械的补贴
粮食补贴	从农资补贴中拿出 20% 的资金支持粮食生产，剩下 80% 的资金直接发放给种粮农民
耕地保护补贴	休耕轮作补贴：每亩 150～800 元；高标准农田建设补贴：每亩 1 350～1 500 元
畜禽粪污资源化利用补贴	补贴范围包括以沼气、生物天然气为主要处理方向，以农村有机肥和农村能源为主要利用方向

①农机补贴　随着农业机械水平的不断提升，国家对于农机购置税以及农机保费等都做出了相应的调整，根据有关政策，一台农机的购置税最高能够享受到 3 万元的补贴金额。

②良种补贴　补贴标准为：水稻每亩 15 元，小麦、玉米、花生等每亩 10 元。国家良种补贴实行全面覆盖、直补到户、政策公开等原则，所以原则上只要你种玉米、小麦、花生等，就可以申请补贴。

③有机肥补贴　原农业部印发《到 2020 年化肥使用量零增长行动方案》，支持农民积造农家肥，施用商品有机肥。一是有机肥施用补贴。补贴金额每吨为 150～480 元。二是有机肥原料（畜禽粪便）收储经营补贴。优先扶持利用畜禽养殖废弃物和农作物秸秆等专业从事有机肥生产的企业和社会化服务组织。三是有机肥生产和施用机械补贴。加大对保护性耕作等绿色增产技术所需机具的补贴力度，做到应补尽补；鼓励从事农业生产的个人

及组织购买和使用施肥机械。

④粮食补贴 这是针对良种、农资、种粮等多种经营的经营者，按照二八分配的原则进行补贴。就是在原来农资的综合补贴中，拿出20％的资金，用来支持粮食适度规模经营；剩下的80％资金，加上原来的粮食补贴和原农作物良种补贴，直接发放给种粮的农民，用来保护耕地。因为地区不同，补贴标准也有差异。

⑤耕地保护补贴 休耕轮作补贴为每亩150～800元；高标准农田建设补贴为每亩1 350～1 500元。补贴一般在每年的5—6月发放，这些高额的补贴需要家庭农场主多与政府沟通和汇报，才能在农业补贴资金上抢占先机。

⑥畜禽粪污资源化利用补贴 对畜禽粪污资源化利用情况进行补贴，主要包括生产沼气、天然气等农村能源与生物有机肥等使用利用方向，对畜禽粪污资源化利用达到85％以上、保持规模养殖场粪污处理设备配套率95％以上的农场主给予中央财政补贴。

（3）**农业保险政策** 2019年中央1号文件指出按照扩面、增品、提标的要求，完善农业保险政策。推进稻谷、小麦、玉米完全成本保险和收入保险试点。扩大农业大灾保险试点和"保险＋期货"试点。探索对地方优势特色农产品保险实施以奖代补试点。

表3-3 农业保险政策

保险政策	主要内容
完全成本保险	最高保额不得超过当年对应种植粮食作物收入的85％，农民自己承担的保费不得低于总保费的30％，其他部分由国家承担
收入保险	以农户自缴比例不低于30％为基础，中央财政对中西部地区和东北地区补贴40％、对东部其他地区补贴35％，取消县级财政保费补贴

（续）

保险政策	主要内容
农业大灾保险	农业大灾保险覆盖到所有小农户，同时支持与小农户关系密切的农作物保险
优势特色农产品保险以奖代补	优势特色农产品保险通过奖励的形式发放，而不是进行无条件的补贴。主要目的是提高农户参保的积极性

①完全成本保险 包括农民的服务费用和人工成本，最大程度保护农民的收益，为种地农民提供更大收益保障。试点期间主要针对小麦、玉米、水稻三大主要农作物进行保险，保障对象主要是规模化农业种植群体等组织机构。目的就是保障这些农民在农业种植生产过程中能有一个稳定的收入。具体保险方案为：最高保额不得超过当年对应种植粮食作物收入的 85%，农民自己承担的保费不得低于总保费的 30%，其他部分由国家承担。随着保险制度的不断实施和完善，保险项目和保障对象将进一步扩大，农民种地收益会越来越高。

②收入保险 在农户自缴比例不低于 30% 的基础上，中央财政对中西部地区和东北地区补贴 40%、对东部其他地区补贴 35%，取消县级财政保费补贴。同时，支持有条件的地区对建档立卡贫困户自缴部分保费给予减免。

③农业大灾保险 根据 2019 年中共中央办公厅、国务院办公厅印发的《关于促进小农户和现代农业发展有机衔接的意见》，要扩大大灾农业保险试点，包括三大粮食作物完全成本和收入保险的实施对象要覆盖所有小农户。同时，要支持发展与小农户关系密切的农作物保险、主要畜产品保险、重要"菜篮子"品种保险。

④优势特色农产品保险以奖代补 优势特色农产品保险通过奖励的形式发放，而不是进行无条件的补贴。主要目的是提高农户参保的积极性。

（4）**农业信贷政策**　农业信贷对于农业生产发展、规避自然风险、扩大农业再生产、满足农民资金需求等具有重要意义。近年来国家一直都很重视对农业信贷政策的制定（表3-4）。

表 3-4　农业信贷政策

信贷政策	主要内容
完善小农户小额信用信贷	完善无抵押、无担保的小农户小额信用信贷，全面推行农村承包土地经营权抵押贷款，促进提升小农户融资能力
健全全国农业信贷担保体系	提供方便快捷、费用低廉的担保服务
推进农业科技与资本有效对接	加大对高标准农田建设和农村土地整治的信贷支持力度
拓宽农业农村抵质押物范围	推动厂房和大型农机具抵押、圈舍和活体畜禽抵押、动产质押、仓单和应收账款质押、农业保单融资等信贷业务；积极稳妥开展林权抵押贷款
优先扶持特色产业	优先支持符合当地农业综合开发扶持农业优势特色产业规划的产业

①完善小农户小额信用信贷　2019年印发的《关于金融服务乡村振兴的指导意见》，在信贷支持方面，探索完善无抵押、无担保的小农户小额信用信贷，扩大农业农村贷款抵押物范围，全面推行农村承包土地经营权抵押贷款，促进提升小农户融资能力。

②健全全国农业信贷担保体系　2018年农业农村部、财政部联合印发的《2018年财政重点强农惠农政策》指出，要健全全国农业信贷担保体系，重点服务家庭农场等新型农业经营主体以及农业社会化服务组织和农业小微企业，聚焦粮食生产、畜牧水产养殖、优势特色产业、农村新业态、农村三次产业融合，以及高标准农田建设农机装备设施、绿色生产和农业标准化等关键环节，提供方便快捷、费用低廉的信贷担保服务。

③推进农业科技与资本有效对接　创新投融资模式，加大对

高标准农田建设和农村土地整治的信贷支持力度，推进农业科技与资本有效对接，持续增加对现代种业提升、农业科技创新和成果转化的投入。

④拓宽农业农村抵质押物范围　推动厂房和大型农机具抵押、圈舍和活体畜禽抵押、动产质押、仓单和应收账款质押、农业保单融资等信贷业务，依法合规推动形成全方位、多元化的农村资产抵质押融资模式。积极稳妥开展林权抵押贷款，探索创新抵押贷款模式。鼓励企业和农户通过融资租赁业务，解决农业大型机械、生产设备、加工设备购置更新资金不足问题。

⑤优先扶持特色产业　优先扶持符合农业综合开发扶持农业优势的特色产业，对于市场发展前景好、示范带动作用强、未列入农业优势的特色产业的其他产业，也可列入扶持范围。

Q2 家庭农场应如何规划？

（1）**家庭农场发展规划定义**　家庭农场发展规划是指在投资家庭农场之前对未来发展过程所做的一系列科学分析与规划，目的是为降低创办家庭农场的风险，减少损失。创办家庭农场之前，最好向现代农业规划专家进行咨询，让专家对种植业和养殖业的发展方向和市场前景做一个预测。此外，要综合考虑当地的基础设施、土壤、水质等基本信息，从而降低风险，减少损失。

（2）**家庭农场规划布局考虑因素**

①地形　家庭农场所在地，如果有良好的地形条件，如丘陵或山地，地势高低起伏，那么在规划布局时可以利用优势地形对家庭农场进行规划设计。若家庭农场所在地是耕地或荒地，地势没有起伏的变化，则可以通过曲折的道路、树林、苗圃等进行空间上的布局。

②水体　如果家庭农场有点状水体，可以与传统农业中的灌

溉工具相结合，设计一些展现农业文化特色的景观，例如打水用的水井、灌溉用的水车等。这样既展示了文化性又增加了趣味性。家庭农场还可以利用河流、小溪等线状水体开展观赏或垂钓等水上活动。

③植物　家庭农场的植物主要包括绿化植物和经济作物。在植物的布局上，绿化植物的设计一般以采用乡土植物为原则，强调多样性与乡土性；经济作物的设计要考虑作物本身的观赏性，如家庭农场可以种植一些具有观光、采摘、体验功能的农作物，以及各类经济林果、花卉、蔬菜等，从而对家庭农场进行合理的布置。

④时间　规划家庭农场时还要考虑季节的交替性和轮作农作物的品种，避免出现一种作物成熟收获后土地就闲置的情况。可以采用大棚种植的形式使家庭农场做到终年都有绿植，达到"四时有不谢之花，八节有长春之景"的境界。

⑤硬件　家庭农场规划布局时还要考虑农场硬件设施的建设状况，如道路、停车场、餐厅、宾馆等配套设施建设，以及垃圾箱、公共厕所等公共设施建设。规划时可以参考风景园林的景观设计标准，要与周围环境融为一体，体现出生态与自然的完美结合。规划设计的风格、色彩等都要与家庭农场的植物、湖泊、山体等自然环境相结合。

案例2　家庭农场经典规划案例

小康普顿农场

小康普顿农场横跨山脊林立的罗得岛南部海岸，与大西洋相对。农场以水为边界，拥有萨克耐特沿海地区森林、池塘和草地的景观特征，巧妙地展示着谦虚质朴的农业特质，同时也是濒危水鸟、沿海植物和其他野生动物的重要栖息地。

家庭农场主希望场地的功能不只是一个农场，同时也是家庭的一部分，只要增加一点其他功能即可，这样的开发以尊重基地历史和自然美感为前提。经过细致的现场勘查，景观设计师制定了一系列全面且极富想法的景观干预措施，对较大建筑制定分期建设规划。

硬件：第一阶段的工作包括将一个19世纪的农舍改造成一个客房，以及在农场院子里新建一座建筑。然后，翻新主屋并增加内部构造及设施。通过建筑师与客户的密切合作，景观设计师巧妙地将新建元素与场地现有特质结合起来，强化场地原始的景观特征，并设计了一个明显的可识别地标。

石材：农场建筑群主要由新石材和被风化的混凝土墙框架组成。若干原有墙壁和建筑被保留下来，仅在有必要的地方进行少量改造。场地内主要以石材垒砌围墙，这些石头和道路铺装材料均为当地石材。古老的石墙展示着农场的悠久历史，有历史价值的蓄水槽，让人们对历史情形浮想联翩。富有历史感的物件包括一口古石井和一个反射倒影的水池。精心摆放的水槽标志着南北轴线与东西轴线的交点，并将新旧元素结合到一起。

水体：水在这里"身兼数职"，包括农业使用、喷泉水景、饲养家畜和宠物，既体现了简约之美，也满足了多种功能需求。景观设计师在管理房和设备房的西北角设置了人工湿地以收集雨水。雨水沿着草坡流下，在被风化的混凝土墙壁的角落里形成一块湿地。然后水又从墙壁的裂缝中缓缓流出，在到达池塘之前，流过邻近的湿草地。这种微妙的分级设计策略降低了水系对场地的侵蚀，提高了水流量，减少了径流流速，从而保护了沿海流域环境。

植物：植物景观设计以本土植物为主要材料，植物选择突出季节变化，并能适应恶劣的东北部沿海气候。丰富的落叶树种和常绿蕨类植物、蓝莓和漆树将建筑群包围。建筑附近栽种的植物，一方面为建筑提供阴凉，另一方面也成为建筑与植物稀疏的开放空间的一种过渡，农业用地形成大面积草场，建筑物之间是小片草地。小块草地一方面与大草场形成对比，且为聚会提供了场地。

评委会对该农场规划的评价是："简单而如此美丽。它带给人们的感觉不是暂时的，而是永恒的。一张张手绘草图很迷人，它们展示了整个构思过程以及景观设计师是如何与顾客沟通的。所用石材均产自当地。从住宅就能看到农场里的水系。"

（资料来源：农业经营联盟，2019-02-19）

（3）**撰写家庭农场发展规划书** 家庭农场主需要撰写家庭农场发展规划书，介绍家庭农场和项目运作情况，介绍家庭农场产品及市场可能存在的竞争、风险等未来发展过程中会遇到的问题。家庭农场发展规划书一般包括以下六个部分。

①规划摘要 家庭农场发展规划书的第一部分就是规划摘要，它是对发展规划书的高度概括，要能让读者在最短的时间内对家庭农场发展规划的内容做出自己的判断。其主要包括：农场的介绍、主要农产品和业务范围、市场概况、营销策略、销售计划、生产管理计划、农场的组织构成、财务规划、资金情况等。在农场的介绍中，首先要说明创办家庭农场的思路以及具体发展目标，然后要介绍农场的背景、经验及特长等情况。

②农产品介绍　对农产品的介绍一般包括种植什么样的农产品、农产品的特性、主要农产品的介绍、农产品的种植过程、农产品的市场竞争情况、该农产品的市场前景预测、农产品的品牌和专利技术、发展新农产品的计划等。

③人员及组织结构　家庭农场最重要的就是农产品，有了产品之后，就需要组建一支高素质的管理团队。人才是管理好农场的重要保障，因此要求他们有较好的抗风险能力和团队精神。农场的管理情况会直接影响经营情况，因此拥有一支高素质的管理团队对家庭农场来说尤为重要。

④市场预测　市场预测一般包括市场对这种农产品是否存在需求？需求的程度能不能给家庭农场带来丰厚的利润？目标市场的规模状况如何？未来对此农产品需求的发展趋势如何？此外，市场预测还包括对竞争市场进行分析，比如，家庭农场在市场中的主要竞争对手有哪些？是否对家庭农场产生威胁？

⑤营销策略　家庭农场在制定营销策略时，要考虑的内容包括：消费者特点、农产品特性、市场环境、农场自身的状况等。成本和效益是影响营销策略的最终因素。在家庭农场规划书中，营销策略一般包括营销渠道的选择、营销队伍的管理、销售计划和广告策略、价格决策等。

⑥财务规划　财务规划相较于其他几个内容来说比较复杂，包括制作现金流量表、资产负债表及损益表。流动资金对家庭农场来说非常重要，因此在家庭农场创办前期，对流动资金的使用必须谨慎。损益表是指家庭农场的盈利状况，它是经营一段时间后的结果。资产负债表则表示家庭农场在某一时刻的状况，投资者可以用资产负债表中的数据得到指标，通过指标来衡量家庭农场经营状况和可能得到的投资回报率。

案例3 家庭农场规划书范文

玫瑰园度假渔村发展规划书

摘要：本规划书首先将介绍企业的基本信息，其次将进行市场分析，主要介绍家庭农场所在地的基本情况和本家庭农场的竞争优势、劣势，再次进行四个阶段的生产规划并制定自己的销售策略，最后进行财务分析。

关键词：市场分析，竞争优势，生产规划，销售策略，财务分析

一、家庭农场简介

家庭农场名称：长恒县玫瑰园度假渔村。××年××月注册成功，注册资本30万元，现有鱼塘8个，年产值35万元左右。目前，企业正在不断扩大经营规模。

二、市场分析

据调查，长恒县鱼类产品消费约为每人每年12千克，按长恒县现有人口30万人计算，年消费总量约360万千克。此外，长恒县距离新乡市很近，交通便利，将新乡市作为一个更大的鱼产品市场，市场容量巨大。婚丧嫁娶、逢年过节、饭店日常聚餐等场合中，鱼类产品在百姓的餐桌上日益频繁出现，已成为必不可少的文化节日菜。

本家庭农场的竞争优势：

目前，长恒县乃至新乡市较大的家庭农场仅2家，大部分都是个别农户小规模养殖，鱼塘面积很小，产量低，而且鱼类品种少，难以满足不同层次的消费者需求。本农场是长恒县规模最大的淡水鱼养殖基地，有8个鱼塘，养殖草鱼、观赏鱼等20多个品种，养殖水面达100亩，可供人们垂钓，也可为广大渔民提供优质的鱼苗；此外，农场充分利用乡村

的地理风光及鱼塘资源，在鱼塘附近建成了集娱乐、度假、餐饮于一体的多功能餐厅，餐厅按照人们返璞归真的消费取向，以农家小院的形式呈现。

本家庭农场的不足：管理成本较高，缺乏专业人才，资金紧张。

三、生产规划

（一）第一阶段（××年××月至××年××月），鱼塘硬件建设。

（1）建设 8 个鱼塘，总共面积 12 亩。

（2）购买增氧机 12 台。

（3）建设休闲娱乐餐厅。

（二）第二阶段（××年××月至××年××月），投产期。投入鱼苗 100 万尾。

（三）第三阶段（××年××月至××年××月）成本回收期。

（四）第四阶段（××年××月至××年××月）发展壮大期。

计划在稳定当前产量的同时，优化养殖的品种，根据市场需求调研，新增高营养甲鱼等养殖项目，吸引高端消费者。

四、销售策略

（一）销售渠道

（1）大客户送货上门。以集团公司食堂为主要销售目标，把长恒县工业园区内的企业作为主要销售对象，实现订单式稳定销售。

（2）吸引批发商采购。制定优惠举措，欢迎长恒县鱼产品商贩到鱼塘采购。

（3）积极拓展长恒县以外市场。建立专门营销队伍到新乡市及其他区域跑市场，拉订单。

（二）产品策略

开发高、中、低多档次鱼类产品，满足不同收入层次消费者需求；观赏鱼、营养丰富鱼类以城市中高收入人员为主要销售群体，普通品种以农村为主要市场。

（三）促销策略

（1）媒介、广告宣传。通过电视台、报纸、广播等渠道开展宣传报道，开展农家乐休闲旅游农业项目，吸引城镇人口来此游玩。

（2）建立垂钓协会。建立垂钓协会会员俱乐部，实行会员制，定期开展垂钓比赛，吸引垂钓爱好者在此交流游玩，增大客流量。

五、财务分析

（一）项目总投资

（1）鱼塘：8个，占地12亩，共80万元。

（2）饭店：150平方米，共20万元。

（3）增氧机：12台，共40万元。

上述投资资金全部为自筹，共计140万元。

（二）经营成本

（1）鱼苗、饲料：30万元/年；水电费、人工费：25万元/年。

（2）餐厅厨师4人，1 500～2 000元/人；厨师帮手7人，800～900元/人；服务员6人，600～700元/人，按全年正常营业8个月计算，共计人工费用121 600～148 000元/年。餐厅月材料费用105 000～120 000元，年共计840 000～960 000元。费用共计961 600～1 108 000元/年。

（3）固定资产折旧：鱼塘使用寿命15年，饭店30年，增氧机 10 年。根据平均年限折旧法，各项固定资产年折旧合计＝5.33＋0.67＋4＝10（万元）。

成本合计 1 611 600～1 758 000 元。

（三）营业收入

（1）渔产品：年销量 20 万千克，正常年份销售额为 35 万～45 万元。

（2）垂钓：每人每次 20 元，日垂钓人次 70～90 人，按正常季节可垂钓时间为 8 个月计，年收入 336 000～432 000 元。

餐饮：正常日销售额 7 000～8 000 元，按正常经营时间为 8 个月计算，年收入 1 680 000～1 920 000 元。

年营业额共计 2 366 000～2 802 000 元。

（四）利润额

利润额＝营业收入－经营成本

其中鱼产品利润＝350 000（450 000）－550 000＝－200 000（－100 000）（元）。

垂钓利润＝336 000（432 000）（元）。

餐饮利润＝1 680 000（1 920 000）－961 600（1 108 000）－6 700＝711 700（805 300）（元）。

Q3 家庭农场主购买机械设备时要考虑哪些因素？

在经营家庭农场的过程中，家庭农场主需要考虑如何科学合理地配置机械设备数量，以权衡生产需要、经营成本和经济效益之间的关系。而当前家庭农场的发展往往是多产业融合发展的，因而所需要的机械设备也是多样的。总的来看在购置机械设备时一般需要考虑以下 5 个因素。

（1）**农场规模** 家庭农场购置机械设备时需要考虑的关键因素就是农场的规模，可以根据家庭劳动力的数量来确定农场的规模。从涉及种植业的家庭农场来看，大型家庭农场需配置大型的机械，小型家庭农场只需配备日常所需的小型机械。根据人均年工作量测算，如果家庭农场年劳动力为 1～5 人，种植型家庭农场规模控制在 100～500 亩较为合适。这样不仅能够实现规模效益，而且可以使家庭农场的劳动力实现充分就业。从涉及养殖业的家庭农场来看，大型养殖家庭农场需要配套对应大型的孵化、饲养、粪污处理设备等，而小型的家庭农场则需配套对应的孵化、饲养、粪污处理等设备。如果家庭农场年劳动力在 5 人左右，养殖规模宜适度，如生猪养殖适宜将存栏控制在 800 头左右，年出栏量则在 1 500 头左右，这已经达到较大规模；涉及休闲、科教、文化等其他产业的农场，则需要配置对应的设施。

（2）**设备种类** 种植业可供选择的机械设备种类较多，因此家庭农场可以根据需求来选择机械设备。兴办家庭农场之初，资金方面会受到很大的约束，家庭农场主需要根据实际需要和成本情况选择机械设备。另外，机械设备由于社会化程度高、资金不足等原因可以早期租借，后期再考虑购置。北方以种植玉米和小麦为主的家庭农场都需要播种机和收割机。南方以种植水稻为主的家庭农场都需要插秧机和收割打捆机。养殖业同样涉及各类机械设备，基本都需要配置智能照明设备、制冷器、呼吸免疫机、畜禽养殖粪污分离、处理设备等，而鸡鸭等养殖则还需配置保育出雏设备、饲养设备，生猪养殖则需配置分栏设备等。

（3）**设备质量** 农业生产受时间和季节的影响很大，因此在农忙时节如何节约时间、抢收抢种就显得格外重要。如果农机的质量不高，在使用的过程中就会出现问题，这不仅会增加维修费用，还会延误作业时间，造成更大的损失。所以在家庭农场经营过程中，选择质量好、维修方便的机械设备就显得尤为重要。建议选择本地区常用的机械设备，最好是在当地设有服务网点的农机企业的产品，便于后期维修和更换零件。养殖业所涉及的设备同样涉及损坏、故障等问题，因此需要尽量购买知名企业生产的设备，有品质保障和完善的售后服务。

（4）**设备价格** 在购置机械设备时，各地政府对机械设备都有一定的补贴优惠政策，家庭农场主在购买机械设备前要充分了解预购机械的价格和补贴政策。如果家庭农场的种植面积较大，则可考虑性能好且价格高的设备；如果家庭农场的种植面积较小，那么可以考虑物美价廉的设备，从而节约成本。一般的农机设备价格在几千元到十几万元之间。北方以山东省部分农机价格作为参考（表 3-5），南方以江苏省部分农机价格作为参考（表 3-6）。

表 3-5　山东省部分农机价格

设备名称	生产厂家	农机价格（元）	补贴金额（元）
LX1000 轮式拖拉机	第一拖拉机股份有限公司	98 000	23 080
1LYF-545 液压翻转犁	菏泽新亚机械设备有限公司	18 500	6 170
4LZ-8E2 自走式谷物联合收割机	雷沃重工股份有限公司	133 500	30 400
1S-300 深松机	德州市沃田机械有限公司	13 200	2 090
2BMYF-8/8 免耕肥播种机	山东大华机械有限公司	14 400	2 250

资料来源：买农机网。

表 3-6　江苏省部分农机价格

设备名称	生产厂家	农机价格（元）	补贴金额（元）
VP9D25 乘坐式高速插秧机	洋马农机中国有限公司	135 000	38 000
2ZS-6 手扶式插秧机	久保田农业机械有限公司	21 500	5 500

（续）

设备名称	生产厂家	农机价格（元）	补贴金额（元）
1JS-460 水田折叠式平地搅浆机	连云港双亚机械有限公司	15 000	2 400
3WP-700 自走式喷杆喷雾机	常州东风农机集团有限公司	65 000	24 000
1JSL-380 水田平地搅浆机	樱田农机科技有限公司	17 200	2 400

资料来源：买农机网。

（5）**设备数量** 在精确测算家庭农场规模后，就可以确定机械设备的数量。从种植类农场来看，300 亩以下的家庭农场一般只需各配备一台不同类型的机械设备即可。300 亩以上的家庭农场则需要进一步计算才能够确定机械设备的数量。在测算过程中，确定机械设备的关键数据是单台设备一个作业季节的最大作业量，根据不同区域气候，这个数据可能会有较大差异。

一个作业季节的单台设备最大作业量＝单台设备每小时作业量×一个作业季节有效作业日

家庭农场需要的设备数量＝家庭农场需要设备完成的作业量/一个作业季节的单台设备最大作业量

一般按照向下取整后得到的数据配置设备数量，这样设备的使用效率较高；若所得数据取整后余数大于 0.6，则可以考虑待资金充足时向上取整配备设备，以更好地满足生产需要，还可以通过出租的方式提高设备使用效率。从养殖类农场来看，在确定农场规模后，根据存栏量、出栏量来配置对应的设备数量。

Q4 家庭农场主配置机械设备的方式有哪些？

家庭农场在配置机械设备时，如果一次性投入资金较大，可能会影响到土地流转等环节工作开展。涉及种植业的农场在耕、种、收等环节所需要的机械设备，涉及养殖业的农场在保育、饲养、废弃物处理等环节所需设备也存在较大差异。因此，在配置农机时可以分三阶段进行，既能解决生产需要，又能缓解资金压力，同时也可以取得较好的经济效益（表3-7）。

表3-7　家庭农场机械设备配置方式

设备配置方式	适用家庭农场发展阶段	具体方法
租赁为主，自配为辅	兴办初期	租赁社会化服务好的机械设备；购置价格低又急需的机械设备，同时还可以考虑雇人来代替少部分机械作业
自配为主，租赁为辅	规模稳定期	有限配置性能良好且使用便利的机械设备以减少对人的雇佣，并可以和其他农场建立互助组以降低自身成本
自行配备，适当外租	发展成熟期	对于使用不频繁的设备可以出租；对价低质差的机械设备可以进行更新，采购性能好的设备

（1）**租赁为主，自配为辅**　如果家庭农场处于兴办初期，那么农用物资的费用、土地流转承包的费用及基础设施所需费用占总费用的比重会很大，且资金积累较少，银行贷款的额度也不高，因此资金压力较大。这时配置设备时可采用"租赁为主，自配为辅"的方式，最后采取租赁的方法获得社会化服务较高的设备。此外，家庭农场主还可以筹集资金配置价格不高且急需的设备，同时雇佣少部分劳动力以代替部分农机作业。

（2）**自配为主，租赁为辅**　家庭农场经营一段时间之后，基

础设施费用会降低，家庭农场的资金积累和银行贷款额度都会相应提高。此时配置设备可采取"自配为主，租赁为辅"的方

式。家庭农场可优先考虑性能好且使用方便的设备，后期可以采购社会化服务程度较高的设备，同时尽可能减少劳动力的使用。此外，还可以与其他地区的家庭农场建立互助组，在采购和使用设备的过程中互相合作，进而提高设备的使用效率。

（3）**自行配备，适当外租**　待家庭农场发展成熟时，各方面的条件会进一步改善，并且资金的压力也较小，这时在配备设备时可以采用"自行配备，适当外租"的方式。家庭农场所需的设备应该尽可能地配备到位，可以考虑适当出租一些使用效率不高的机械设备；同时，对前期配置的部分价格较低且质量不高的机械设备进行更新，采购一些质高性优的机械设备，合理优化配置，以便更好地发挥设备效能。

案例4　农机租赁解难题

宜农租赁——解决农机租赁难题

资金短缺，愁坏种粮大户

今年刚过四十岁的老张是河北省唐县有名的种粮大户。随着城镇化建设的加速，附近村里愿意留在家乡种田的人越来越少。自2012年起，他陆续从村民手里流转承包了近300亩土地成立了家庭农场。经过五年的苦心经营，他的家庭农场逐渐向规模化、机械化发展，曾获"省级示范家庭农场"荣誉。

虽然说，老张每年平均收入几十万元，但是每年春种秋收时节他都要遇上几次"经济危机"。老张给我们算了一笔账，今年春天土地流转花了26万元，还要垫资育苗、购买化肥和地膜等，资金一下子变紧张了。春小麦抢收后，他准备抢机种大葱，全靠人工时间上赶不及，雇用农机干活一周就要一万多元，所以他考虑买一台大型旋耕机，但是粮款还没收到。11万元的售价减去惠农补贴后让他全款支付仍然有些吃力。

"为什么不去贷款呢?"

老张说:"农村信用社我不知跑了多少次,可是都说我的农场不符合贷款条件。即便是能贷,手续也特别苛刻,多户联保,还需要公务员、教师担保,而且额度小的可怜。"

当地银行部门的人介绍:农村家庭农场、种粮大户等群体在央行的征信属于白户,既没有房贷记录和信用卡消费记录,也没有京东、淘宝大数据记录,实地风控又浪费人力。从银行的角度,银行更愿意给企业贷款,因为服务农户的成本太高,所以银行不愿意为这个群体提供资金支持。

宜农租赁解购买农机难题

"老张,现在买农机可以找宜农租赁办农机分期了?"听说老张在凑钱,刚刚通过宜农公司购买收割机的同村小李对他说:"我前不久刚通过宜农融资租赁模式置办了台收割机,首付50%就可以,融资分期费用也不高。就凭你的经营资质,绝对没问题。"

回家后,老张立即联系宜农租赁了解农机融资租赁业务相关事宜。由于老张用车较急,工作人员立即将他的情况上报给宜农租赁保定地区负责人安经理。第二天,宜农租赁2位客户经理就赶往唐县的张先生家中进行实地家访办理手续,申请资料查验、签约办理等工作不到半天时间就完成了。没有烦琐的资质认证手续、没有托关系更没搭人情,这会儿老张已经开着新车下地耕种了!

助力三农,宜农租赁解决经营难题

农机融资租赁业务模式是宜农公司在国家政策方针指引下,针对农村金融市场推出的支农创新模式。该模式解决了农机用户购机融资难题，同时解决农机经销商赊销困境，所以一经推出就受到上游厂家的支持，并与玉柴集团、英虎机械、泰山拖拉机、金大丰机械等生产厂家建立良好的合作关系。宜农租赁安经理表示："在宜农公司办理的过往业务中经常会遇到唐县张先生这种情况。只要客户资质符合我们的融资要求，我们都坚持快速办理、优先办理。因为，在宜农人看来，助力'三农'无小事，符合特事特办的绝不耽搁。"

（资料来源：宜农卓越官方微信公众号，2019-02-08）

Q5 家庭农场主如何管理农场雇工？

（1）**明确劳动关系** 目前，我国农村主要实行以家庭为单位的联产承包责任制，而且家庭农场中的农业劳动多以家庭的组织形式进行，国家对家庭内的劳动关系不予干涉。但随着家庭农场生产规模的扩大，家庭农场可能就需要从外面雇工。在雇佣劳动力的过程中就涉及了《中华人民共和国劳动法》和《中华人民共和国劳动合同法》的相关内容（以下简称《劳动法》与《劳动合同法》）。

为避免用工风险，家庭农场要选择有劳动经验、身体健康的劳动者。作为家庭农场主，要特别注意劳动关系的确定和履行。当前有不少农民雇工拒绝签订书面劳动合同，也不愿意家庭农场主为自己上保险，只想要多增加一些工资。但有的家庭农场主为了规避风险与雇工签订了"雇工自愿不参保协议"。但是不签订劳动合同、不上保险都是违法的，签订的"雇工自愿不参保协议"也是无效的。所以家庭农场主必须了解和遵守《劳动法》和《劳动合同法》的相关内容。

①劳动者的权利与义务 《劳动法》第三条规定，劳动者享

有平等就业和选择职业的权利、取得劳动报酬的权利、休息休假的权利、获得劳动安全卫生保护的权利、接受职业技能培训的权利、享受社会保险和福利的权利、提请劳动争议处理的权利以及法律规定的其他劳动权利。也就是说家庭农场主在雇佣劳动者时，必须维护劳动者的以上权利。此外，劳动者的权利与义务是相对应的。劳动者需要履行提高职业技能和遵守职业道德的义务，意味着劳动者不仅要提高自身专业技能，同时也要提升自身综合素质水平。

②劳动争议解决途径 《劳动法》第七十七条规定，用人单位和劳动者发生劳动争议，当事人可以依法申请调解、仲裁、提起诉讼，也可以协商解决。

③签订和解除劳动合同 《劳动合同法》第二条规定，在中华人民共和国境内的企业、个体经济组织、民办非企业单位等组织（以下称用人单位）与劳动者建立劳动关系，订立、履行、变更、解除或者终止劳动合同，适用本法。

《劳动合同法》第十条规定，建立劳动关系，应当订立书面劳动合同。已建立劳动关系，未同时订立书面劳动合同的，应当自用工之日起一个月内订立书面劳动合同。用人单位与劳动者在用工前订立劳动合同的，劳动关系自用工之日起建立。

因此，家庭农场内的劳动者不签订劳动合同，若出现劳动风险等法律后果，只会转嫁给雇佣工人的用人单位。

《劳动合同法》第三十七条规定，劳动者提前三十日以书面形式通知用人单位，可以解除劳动合同。劳动者在试用期内提前三日通知用人单位，可以解除劳动合同。劳动者本人也要遵守劳动合同的规定。

④经济补偿 若家庭农场主经与雇工协调一致，予以解除劳动合同的，还要给予雇工经济补偿。经济补偿根据劳动者在家庭农场工作的年限，按每满1年支付1个月工资的标准向劳动者支

付。6个月以上不满1年的，按1年计算；不满6个月的，向劳动者支付半个月工资的经济补偿。

（2）**进行雇工培训**　具有一定规模的家庭农场都需要雇佣一定数量的常年农工和大量的短期农工，并且家庭农场规模越大其雇工的数量也会越多。因此，家庭农场主需要学会管理雇工尤其是长期雇工。

家庭农场一个完整的雇工培训主要包括三个方面内容。

一是对雇工知识的培训。通过培训能使雇工具备完成其本职工作所必需的基本知识，并且还能了解家庭农场经营的基本情况。如家庭农场的发展战略、目标规划、经营方针、经营状况、规章制度等，便于雇工参与家庭农场管理活动，以增强雇工的主人翁意识。

二是对雇工技能的培训。通过培训可以使雇工掌握完成其本职工作所必备的技能，如实际农业技术技能、处理人际关系技能、谈判技能等，开发雇工的潜能。

三是对雇工态度的培训。雇工的工作态度对家庭农场的整体士气和绩效有直接影响。通过培训可以建立起雇主与雇工之间的信任关系，使雇工更加尽职尽责，全心全意为农场服务。

雇工培训的方法一般包括两种。

一是直接传授式。主要是信息的单向交流。常用的方法有专题讲座和个别指导。专题讲座是指向众多的培训对象讲授同一个专题，比较简单省事。讲座的效果取决于讲授人的授课质量。个别指导类似于"师傅带徒弟"。这种方法的特点是雇工能清楚地知道培训的内容和进度，能很快地适应工作。

二是雇工参与式。此方法是参与者通过亲自参与活动而获得知识、技能的一种培训方法。其具体做法主要有四种。

第一，模拟训练。将雇员置于模拟的现实工作环境之中，让其反复操作、思考和解决实际工作中可能出现的各种问题。其训练模式侧重于技能的培训。

第二，角色扮演。将雇工置于模拟的现实工作环境之中，按照他在实际工作中应有的权责来担当与其实际工作类似的角色，模拟处理各种事务。这种方法能使培训者较快地熟悉自己的工作业务并提高技能。

第三，工作轮换。这种方法旨在扩展雇工的知识和技能。受训雇工通过不同岗位的轮换，承担不同的工作，了解不同的业务技能，既增进了相互交流，又扩大了知识面。

第四，参观访问。有组织有计划地安排雇工去相关部门或组织访问，开拓雇工的视野，激发雇工的兴趣，增强雇工的创新意识。

（3）制定激励机制

①家庭农场雇工的绩效评估　所谓绩效评估是家庭农场主对雇工一段时间内工作表现或工作效率情况的一种考核。绩效评估是家庭农场主与雇工之间的一种互动。在实际工作中，如果绩效评估处理得当，可以改善家庭农场主与雇工之间的关系，并使家庭农场中的各个部分紧密联系在一起，提高雇工工作积极性。因此，实施绩效评估被认为是一种有效的激励手段。

绩效评估主要有两大作用。

一是为家庭农场的发展提供重要支持。绩效评估的一个重要目标就是提高雇工的业绩，引导雇工努力的方向，使其能够跟上家庭农场的变化与发展。绩效评估可以提供相关的信息资料作为激励或处分雇工、提升或降级、职务调动以及进一步培训的依据，这是绩效评估最重要的作用。二是绩效评估为确定雇工的工作报酬提供依据。绩效评估的结果为确定雇工的实际工作报酬提供了决策依据。实际工作报酬必须与雇工的实际能力与贡献相结合，这是家庭农场分配制度的一条基本原则。为了激励雇工，家庭农场主需要设计并执行一个公正合理的绩效评估系统，对那些最富有成效的雇工给予明确的加薪奖励。

绩效评估可以分以下三个步骤进行。

一是确定绩效评估的目标。在不同的管理层级和工作岗位上，每一个雇工所具备的能力和提供的贡献不同，而一种绩效评价制度不可能适用于所有的评估目标。例如，有些家庭农场想要确定雇工的潜能，而另一些家庭农场想对普通雇工进行工资的调整，显然，两者的侧重点不同，选用的评估标准也不同。

二是评价业绩并公布考评结果。在确定了绩效评估目标后，就应该对雇工的目标评估内容进行正确的考评。考评应该客观公正，在综合得分的基础上得出考评结果，并对评论结果进行分析，检查是否有不符合事实的评价。之后便可公布考评结果，家庭农场主可以与雇工就考评结果进行面谈，使雇工找到自己的不足或发现家庭农场有什么方面使雇工不满意，从而促进农场主与雇工能力的全面提升。

三是根据考核结果将绩效评估的结论备案。根据最终的考评结果，农场管理者可以识别出那些具有较高发展潜力的雇工，并根据雇工成长的特点，确定其发展方向。同时还需要将绩效评估的结果进行备案，为雇工今后的培训和职位调整提供充分依据。表 3-8 为某部门的雇工考核表。

表 3-8　雇工考核表

考核内容	考核时间		考核结果
关键业绩指标	年度	月度	
重点工作任务（临时工作/日常工作）	/	/	
工作任务量	/	/	
职能部门专项考核		/	

（续）

考核内容	考核时间	考核结果
加分项	/	/
扣分项	/	/
月度考核成绩	/	/

注：实际操作中可将年度、月度分开考核。

②家庭农场雇工的奖励措施

一是工资、奖金。工资、奖金是直接的货币激励，也是最直接、最能被家庭农场雇工所接受奖励手段。工资与奖金水平的提高可以改善雇工的生活质量，直接满足物质生活的需要。但要注意制定合理的业绩考核标准，从结构上和体制上保证分配的合理，并保证薪金的公平性，根据雇工的能力与承受程度在内部倡导适度的竞争。

二是福利。有条件的家庭农场主可为雇工提供良好的福利待遇。好的福利待遇可以缓解员工的不满，维持已有的工作积极性。例如为雇工提供班车、免费午餐、定期发奖品等。

三是员工持股。它是指将家庭农场的一部分股权由雇工持有。实施员工持股后，雇工投入到家庭农场的不仅是体力和智力，还有资本。这不仅可以对员工起到凝聚作用，最大限度地激发雇工积极性，还可以保证雇工的稳定性，尤其是雇佣长期雇工的家庭农场。

③家庭农场雇工的惩罚措施　激励并不全是鼓励，也包括许多惩罚措施，在经济上对雇工进行处罚是一种特殊的激励。激励也可采用处罚方式，即利用带有强制性、威胁性的控制技术，如批评、降级、罚款、降薪、淘汰等创造出一种带有压力的条件，以否定农场雇工一些不符合要求的行为。

但是惩罚措施的制定必须有可靠的事实根据和政策依据，做到令人信服；处罚的方式与程度要适当，既要有教育作用，又不能激化矛盾；惩罚的同时要做好雇工的思想工作，注意疏导，尽可能减少其副作用，真正起到激励作用。

Q6 家庭农场如何清洁生产？

近年来，受到农田面源污染普遍、畜禽废弃物污染问题突出、非洲猪瘟疫情的爆发与传播等环境问题的突出影响，我国对农业清洁生产更加重视。广大家庭农场主应转变农业生产方式，进行清洁生产。2019年中央1号文件也提及要加大农业面源污染治理，实现农药化肥使用量负增长，发展生态循环农业，推进秸秆、畜禽粪污等农业废弃物资源化利用。

（1）采取综合防治病虫草害措施，严禁使用高毒高残留农药

①病虫草害防治的注意事项　遵循"预防为主，综合治理"的原则，家庭农场主在生产中禁止使用人工合成的高毒高残留的除草剂、杀菌剂、杀虫剂、植物生长调节剂和其他农药。综合应用各种农业的、生物的、物理的防治措施，创造不利于病虫草滋生和有利于各类自然天敌繁衍的生态环境，保证农业生态系统的平衡和生物多样化，减少各类病虫草害所造成的损失，达到持续、稳定增产的目的。

②病虫草害防治的方法

一是农业防治。包括种子消毒、清洁田园、合理灌溉、合理施肥、合理轮作和间作等措施控制病虫草害。

二是物理防治。通过物理隔离和机械阻挡抑制病虫草害，主要措施包括果实套袋、布设防虫网等。

三是生物防治。包括天敌的保护、繁殖和释放，重点是天敌的保护和利用，必要时可以购买商品化的天敌如赤眼蜂、捕虫螨等。

四是药剂控制。当上述措施无法控制病虫草害时，可以使用《中华人民共和国国家标准 GB/T19630.1－19630.4》中有机产品生产部分附录 A－《有机植物生产允许使用的投入品》中所提及的物质，使用时必须遵守国家农药使用准则。

③使用清洁、无公害的农药品种和施用技术

一是在施用技术上，要采用科学、合理、安全的农药施用技术。根据农药安全使用标准，规定农作物的安全收割期，要求减少常用农药在食品中的允许残留量。为了提高农药的防治效果，可将两种或多种农药合理混合施用或交替轮换使用，以避免害虫产生抗药性或减缓害虫抗药性的发生速度。

二是使用无公害农药，开展生物防治。微生物农药是利用微生物本身或其代谢产物，制成防治病虫草害的药剂。其优点是选择性强，对人畜及农作物安全无毒，能专一地杀死靶标生物，对非靶标生物无害，不会使害虫产生抗性，无残留，不污染环境，是非常理想的清洁无公害农药。

（2）增施有机肥，减少化肥使用

①鼓励农民增施有机肥，减少化肥使用量 有机肥含有大量的营养元素且种类多样，可以增加补充土壤有机物质，改善土壤质量，提升土壤蓄水、肥力等，保障农产品生产的安全性、绿色性。有机肥俗称农家肥，农场在生产过程中可以将种植废弃物、养殖废弃物、生活垃圾等进行集中处理，通过饼肥（菜籽饼、茶籽饼等）、堆肥、沤肥、沼肥等方式实现生产有机肥。不仅提升资源利用率，也在一定程度减少化肥使用量。

②合理使用化肥农药 化肥作为高养分速效型肥料，带来的增产效果非常明显，但由于化肥属于酸性肥料，长期使用会造成土壤酸化、土壤板结。化肥中含有的矿物原料等在土壤中的积累也容易造成土壤污染，且当前我国化肥实际利用率一般只达到 $30\%\sim45\%$，过度使用化肥带来的影响显而易见。因此需要"以

有机肥为主，化肥为辅"，合理使用化肥农药，既保障增产增收增质，又保护维持土壤的保水保肥能力。

③科学施用农药　积极采用农作物病虫害专业化统防统治和绿色防控，推广高效低毒低残留农药和现代植保机械。充分发挥专业化统防统治防治效果好、效率高的优势和病虫绿色防控生态、环保、安全优势。有条件的家庭农场可以自行配置相关防控设备，没有条件的农场则可以依托专业化防治组织等，开展农场病虫害统防统治，提高病虫防控组织化程度。具体措施如通过灯光诱导、颜色诱导、性信息诱导以及生物防治、生态控制等绿色防控措施，合理选用高效、低毒、低残留化学农药，切实降低化学农药使用量，示范应用植物诱导素、植物生长调节剂，提高病虫防控科学化水平。

（3）加强畜禽粪便污水无害化处理，严禁直接排放

①畜禽养殖业应由粗放型向集约型转变，进行产业化养殖生产过程中合理利用饲料添加剂，实行阶段饲养，提高管理水平，完善畜禽粪便处置设施，落实畜禽废渣综合利用措施。这里要解决一个误区，即集约化养殖中关于"禁养区"的定义。所谓禁养区并不是指不能在该区域内养殖，而是禁止建设达到省级人民政府设定养殖规模以上养殖场所的区域，低于省级人民政府规模养殖标准的仍可养殖。因此禁养区不是不让养殖，而是应在相关政策的指导下做好养殖污染防治工作。

②做好畜禽粪便资源化利用　将产生的畜禽粪渣还田或制成有机肥料，禁止直接排放。充分利用畜禽粪便中的植物养分和其他微量元素，实现畜禽粪便无害化处理与资源化利用。以下介绍各个地区畜牧粪便资源化利用的模式。

京津沪地区：重点推广污水肥料化利用模式、粪便垫料回用模式和污水深度处理模式。

东北地区：即内蒙古、辽宁、吉林和黑龙江四省（自治区），重点推广粪污全量收集还田利用模式和粪污专业化能源利用模式。东部沿海地区：包括江苏、浙江、福建、广东和海南五省，重点推广粪污专业化能源利用模式、异位发酵床模式和污水肥料化利用模式。

中东部地区：即安徽、江西、湖北和湖南四省，重点推广肥料专业化能源利用模式、污水肥料化利用模式和污水达标排放模式。

华北平原地区：即河北、山西、山东和河南四省，重点推广粪污全量收集还田利用模式、粪污专业化能源利用模式和粪便垫料回用模式。

西南地区：即广西、重庆、四川、贵州、云南和西藏 6 省（自治区、直辖市），重点推广异位发酵床模式和污水肥料化利用模式。

西北地区：即陕西、甘肃、青海、宁夏和新疆 5 省（自治区），重点推广粪便垫料回用模式、污水肥料化利用模式和粪污专业化能源利用模式。

③做好种养结合循环利用，进行生态养殖　建立起以种植业为基础、养殖业为中心、沼气工程为纽带的生态养殖业模式。通过建设沼气工程，解决畜禽养殖场粪污处理和资源化利用问题，遏制主要有机废弃物污染源，以生态系统的良性循环来实现畜禽养殖业的清洁生产。

种养结合模式有两点好处。第一，可以实现收入增加。有十多年农业种植经验的公司技术员算了一笔账，以每年种小麦、玉米两季作物计算，用化肥等种植的每亩年收益 1 200 元左右；若用沼液肥，农作物抗倒伏、抗病害，产量高，品质好，每亩年收益在 1 400 元左右。此外，通过种植业与养殖业的直接良性循环，可保护土地资源和水资源，价值更大。第二，增加有机肥的来源。养殖粪污处理得当则会变成非常安全的绿色有机肥料，可以代替化肥或减少化肥在种植业中的用量。

（4）**充分进行秸秆资源化利用，严禁焚烧** 秸秆的资源化利用可以通过制作内置式反应堆的形式来实现。

①操作时间 晚秋、冬季、早春建行下、行间内置式反应堆，如果不受茬口限制，最好在作物定植前 10～20 天做好，然后浇水、打孔待用。晚春和早秋可现建现用。

②行下内置式反应堆 在小行（定植行）位置，挖一条略宽于小行宽度（一般 70 厘米）、深 20 厘米的沟，把秸秆填入沟内，铺匀、踏实，填放秸秆高度为 30 厘米，两端让部分秸秆露出地面（以利于往沟里通氧气），然后把 150～200 千克饼肥和用麦麸拌好的菌种均匀地撒在秸秆上，再用铁锨轻拍一遍，让部分菌种漏入下层，覆土 18～20 厘米。在大行内浇大水湿透秸秆，水面高度达到垄高的 3/4。浇水 3～4 天后，在垄上用 14 号钢筋打 3 行孔，行距 20～25 厘米，孔距 20 厘米，孔深以穿透秸秆层为准，等待定植。

③行间内置式反应堆 在大行间，挖一条略窄于小行宽度（一般 50～60 厘米）、深 15 厘米的沟，将土培放在垄背上或放两头，把提前准备好的秸秆填入沟内，铺匀、踏实，高度为 25 厘米，两端让部分秸秆露出地面，然后把用麦麸拌好的菌种均匀地撒在秸秆上，再用铁锨轻拍一遍，让部分菌种漏入下层，覆土 10 厘米。浇水湿透秸秆，然后及时打孔即可。

④注意事项 一是秸秆用量要和菌种用量搭配好，每 500 千克秸秆用菌种 1 千克；二是浇水时不冲施化学农药，尤其禁冲杀菌剂，仅可在作物上喷农药预防病虫害；三是浇水时只浇大管理行，浇水 4～5 天后及时打孔，用 14 号钢筋每隔 25 厘米打一个孔，打到秸秆底部，浇水后孔被堵死再打孔，地膜上也打孔。每次打孔要与前次打的孔错位 10 厘米，生长期内保持每月打一次孔；四是减少浇水次数，一般常规栽培浇 2～3 次水的，用该项

技术只浇 1 次水即可。有条件者，用微灌控水增产效果最好。在第一次浇水湿透秸秆的情况下，定植时不再浇大水，只浇小缓苗水。

（5）实行农用残膜回收，减少土壤白色污染

①推行最佳残膜回收期的做法　在作物种植中期回收地膜，可提高回收的便利度。政府会采取补贴的方式推广厚度在 0.01 毫米以上的地膜，弥补家庭农场新增成本的开支。政府还会提高生产者购置大型残膜回收机补贴的额度，延长购置残膜回收机农户的贷款期限。财政部门和相关农业部门还会给予农膜回收农业机械油料补助，鼓励家庭农场主的农膜回收工作。

②使用可降解的农用地膜　可降解的农用地膜是指在覆盖时有足够的强度，并对土壤起到增温作用，而作物成长或收获后能被光或土壤微生物降解成对土壤无害物质的一种薄膜。这种可降解的农膜可以从根本上消除白色污染，有条件的家庭农场主可以进行配置和使用。

案例5　畜禽粪便资源化利用

循环利用——鱼猪共生

鸿翔种猪繁殖养殖场位于江西省上饶市鹅湖镇。养殖场推行"饲料喂猪，猪粪养鱼"的猪鱼配套的立体养殖，实现"鱼猪共生"。鱼猪共生，就是将水产养殖和生猪养殖通过科学的生态设计，达到协同共生。生猪的大量排泄物排入水中后会产生微生物，鲢鱼、鳙鱼又以水中的微生物为食，立体养殖让猪、鱼、微生物三者之间达到一种和谐的生态平衡，属于可持续循环型低碳养殖。

农场主朱鸿翔是退伍军人。2004 年退伍回乡，他放弃了父亲的珍珠、鳗鱼养殖，投进十万尾鱼，在水边建了十几间猪舍，引进三元杂交良种母猪，从安徽高薪请来两个技师，

实施科学立体养殖。他还自购饲料机加工饲料，自置生猪病虫预防治疗器械，给猪防虫治病。整个养殖场的排污设施邀请专家专门设计，全部采取地下排污，再加上工人勤于打扫，所以猪场卫生极佳。虽然70亩山林使用率还不到一半，但朱鸿翔没采纳亲朋好友养家禽的建议。为了避免交叉感染，朱鸿翔拒绝混养。

2008年，朱鸿翔的立体养殖得到了县农业局的大力支持，争取到了国家环保改建项目，建设了300立方米的沼气池，为小猪取暖提供了不竭的能源。通过十多年"滚雪团"式的发展，朱鸿翔的养殖场发展到如今有良种母猪300余头、年出栏3 000多头的规模，鱼池产鱼也由刚开始年产500余千克增长到75 000余千克。近几年，朱鸿翔养的猪和鱼外销率达到70%以上。如今，靠立体养殖大显身手的朱鸿翔，不仅让自己家人的生活更上一层楼，还带动了周边养殖户共同致富。

案例6 种养结合

养鸡+种菜+摘草莓

在武汉市新洲区武汉生物工程学院后面，36岁的陶国民创办的家庭农场一年收入上百万元。

2000年，陶国民退伍回到家乡武湖村，花2 000元养了500只鸡。经过9年发展，他养的鸡达到3万只。养鸡场里每天只需要两小时就能完成鸡群养护和蛋品销售，其他时间闲着没事。附近的农民常到养鸡场拖鸡粪做肥料，象征性地给点儿钱。时间一长，陶国民盯上了生物工程学院后面一大片摞荒的土地，慢慢地流转了一些荒地。

2009 年，他开始自种草莓，第二年就开始赚钱。陶国民种的蔬菜和草莓，施的是现成的有机肥。每天，3 万只鸡排出大量粪便与烂菜叶混合，在沼气池里发酵成沼液，可以让 190 亩地"吃"个够，还有多余的鸡粪出售。如果仅施复合肥，190 亩地一年至少需要肥料费 20 万元。而陶国民有鸡粪做主肥，每年只用买三四万元的复合肥搭配一下，不仅节约十六七万元成本，还是正宗农家有机肥，让菜和草莓长得好。附近学校师生和单位雇工都愿意到他的农场摘草莓，学校食堂和二级批发商也愿意买农场的菜。近两年，陶国民的家庭农场年收入都在 70 万～100 万元。

（资料来源：国际畜牧网，2019-02-08）

Q7 家庭农场如何进行农产品营销?

（1）**农产品营销的基本原则** 根据农产品的自然属性、产销和经营特点，农产品营销应遵循"活""快""稳"三项基本原则。

①"活"农产品营销要"活" 农产品具有易腐坏变质的特性，在农产品生产销售环节需要根据市场、价格等因素变化，灵活转变经营方式，才能适应农产品产销变化的特点。

一是营销策略要"活"。第一，优质策略。相同的农产品在品质上会有很大差别，农场的产品要赢得市场，赢得消费者，保持一定的竞争能力，农产品质量过硬非常重要。第二，应时策略。农产品的产销时效性影响农产品的质量和价格，抓住适宜的生产季节和上市季节，同样是提高市场竞争力的有效策略。第三，薄利策略。大部分农产品都是人们的生活必需品，市场需求变化波动会比较小。农场对生产的农产品实施适当的低价策略，实现薄利多销，往往是快速销售产品、防止积压浪费的有效途径。第四，方便策略。农场生产的初级农产品，通常都需要通过简单或复杂的加工处理，消费者才可作为食材食用。因此，农场可以对农产品进行适当加工，提升产品使用的便利程度，吸引消费者购买。

二是营销价格要"活"。农产品产销状况会受市场供需状况的影响，而市场供求会影响农产品价格。因此，农产品营销需根据市场行情即时调整购销价格，以保障农场农产品及时入市销售。

②"快"农产品营销要"快"　主要是针对农产品的流通时间而言。农产品保存周期越短，就越需要尽快销售。离农产品产地越近，农产品销售渠道就越狭窄；反之离产地越远，农产品越有市场。

农产品易腐坏变质的性质，极大地限制了流通周期和流通地域。因此，农产品滞留在流通过程中的时间越短越好，即农产品营销必须要"快"。除了留有必要的储存以外，其余的农产品都要尽快销售，而且是越快越好。要做到"快"，客观上就要求在经营上做到多渠道、少环节。因此，农产品营销一般采取有利于加速流通的产销直接见面的方式，尽可能地就地组织生产、就地收购、就地或就近供应，尽可能地减少营销环节和手续，尽可能地增设网点，拓宽销售渠道。

③"稳"农场经营管理要"稳"　主要是针对农产品市场供求状况而言。由于农业生产具有分散性和长周期性的特点，农业经营者往往会根据上一年供求状况或者价格制定本年度的生产计划。但市场供求关系在时刻变动，进而会影响市场价格，农场生产应该保持在一定的范围，避免随市场波动而大幅度变动。家庭农场主不可因农产品价格高而扩大生产，这可能导致市场供过于

求而使价格下降；也不可因农产品价格低而大幅度缩小规模或更换品种，这有可能导致市场供不应求而使价格上升。应力求通过农产品营销来保持农场农产品产、供、销的平衡稳定，从而实现农场经营收入稳定。

（2）**进行市场分析**

①农产品供求分析　农产品具有易腐性、易变质性。农产品很易腐烂变质，不耐储存，货架期往往不是很长，尤其是生鲜农产品。

一是供给角度。首先是受自然条件影响大，生产的季节性、年度差异性和地区性十分明显。增产不增收、减产反增收十分常见，生产的周期较长，不能根据市场的需求来调节供给。

二是需求角度。农产品通常属于基本生活必需品，需求量不会有较大波动，需求较为稳定。

②农产品营销分析

一是农产品保质期短。农产品的独特性质使其保存期不会太长，因此农产品营销也存在期限要求，需在固定周期将农产品销售完毕。

二是农产品具有明显的季节性。绝大多数农产品供给具有季节性，而需求却常年存在，供求季节性矛盾比较突出，营销也是如此，生产旺季销路不通，生产淡季反而十分畅销。因而，家庭农场主应做好生产及贮藏设备的创新升级。

（3）**进行农产品定位**　农产品定位不仅关系家庭农场主配置资源、统筹运行，而且也是在市场竞争中确立比较优势、争取主动地位的核心要件。

①根据产品特点定位　农产品生产受光、温、水、土等自然条件影响较大，不仅不同品种产品在外观、口感等方面有较大差异，同品种产品间也仍然会产生较大差异。所以产品特点定位需要突显区域特点和产品品质特征。例如，由于土质和温差等因素

的影响，新疆的瓜果糖分含量比国内其他地方的瓜果高。

②根据特定的适用场合定位　由于不同的生活习俗，消费者对于同一产品的消费需求千差万别。不同的产品在不同的地域表达着不同的产品内涵。

③根据消费者类型定位　随着生活水平的提高，不同的人群对于食物种类的需求大不相同，有的追求口味，有的追求外观，还有的追求养生功效等，在产品定位上需要抓住不同群体的需求特点。事实上，不同产品面对不同的顾客所处的竞争环境也不同，所以，产品定位的切入点不可能是单一的，而更应该是多角度的立体组合（表3-9）。

表3-9　产品定位

定位方式	举例
产品特点定位	吐鲁番的葡萄；哈密的瓜
适用场合定位	逢年过节；婚丧嫁娶
消费者类型定位	老人；小孩；"三高"人群等

（4）进行农产品定价

①新品定价　常言道，物以稀为贵。家庭农场主推出一个新的农产品品种上市，会满足人们"好奇""想品尝"的心理，早期适宜采用高价格的撇脂定价策略，获取领先者效益。例如，20世纪90年代山东省寿光市赵家村农民赵某从外地引进了一些当地没有的苦瓜种子，在自己的塑料大棚里进行西红柿套种苦瓜试验并获得成功。元旦前后收获的苦瓜被外地贩运商高价抢购，价格卖到每千克60元。当年，他的蔬菜大棚收入比别人高出2～3倍。后来周围的农户纷纷效仿种植，价格也随之快速下跌，但此时的赵某已经获取了高额回报。

②产品涨价　涨价对家庭农场来讲是件两难的事情，一方面涨价会引起消费者不满，另一方面不涨价则家庭农场可能难以为

继。所以，家庭农场主必须对涨价问题进行认真分析后再做决策。

导致农产品价格上涨的原因主要有四个方面。

首先，产品供不应求。当市场上的产品不能满足消费者的需求时，价格上涨不仅可以使生产者获得更多的利益，而且可以刺激加快生产，还可以抑制超前消费，缓解市场压力。

其次，种子、化肥、农药、农机具等农业投入品的价格上升直接导致农业生产成本上升，生产者希望提高产品价格以弥补成本上升而造成的收入减少。

再次，在经济过热、出现通货膨胀时，包括农产品在内的所有商品价格都会普遍上涨。家庭农场主要根据市场环境的变化，把握好产品的提价时机。比如，当企业的产品在市场上处于优势并具有明显竞争力时，可以通过提价来增加利润。

最后，家庭农场推出新产品时，还可以通过高价格显示产品具有较高的品质和档次，能够吸引以价格高低论质量的消费者群体。

③产品降价　导致农产品价格下降的原因有很多，包括市场方面、社会方面和企业本身的原因。例如，在市场竞争中降价可以增加销售量，扩大市场份额，是与竞争对手较量的有力武器；在社会经济出现通货紧缩，总体物价水平下降的情况下，企业一般都采取适当的降价措施以维持正常的经营活动；企业生产能力过剩致使产品积压时，也采取降价促销的方式。

目前我国的农产品市场近似于完全竞争市场，鲜活农产品批发市场具有其典型特征。市场上有大量的生产者、经销商和消费者存在，任何一个卖者或买者都不能够影响市场价格的形成，只能在交易中发现价格，被动地接受价格。因此，家庭农场主在实施价格策略时，要结合产品策略的运用，通过提高产品的质量和服务，树立品牌形象，才能在价格的调整中始终保持自己的市场地位。

（5）**做好电子商务** 使用计算机技术能提升销售量以降低成本，可以提高经营效率，还能快速获得更准确、更及时的信息。对于一个家庭农场来说，使用计算机技术最大的用途就在于开发互联网，发展电子商务。

①购买适合自己农场的电脑 购买一套计算机系统，第一步是调查计算机系统在农场中发挥什么样的作用，并优先确定在哪些方面安装应用，或者想让其解决什么问题。一旦知道购买用途，就带着需求接近供应商，并要求供应商提供相关专业软件的安装。例如，家庭农场主计划通过安装地理信息系统或遥感系统来实时监控自己的农田，那就要明确地向供应商提供相关专业需求。计算机系统是软件，而不是硬件。微软系统就是目前常用的计算机系统，可以提供许多常用的优秀的应用程序。在某些情况下，家庭农场经营是否成功与选择的系统质量、合适程度有直接关系。

软件程序包是对用户有所帮助的程序，是专门为那些没有受过专业计算机培训的人设计的。在使用时，会显示一个菜单，提示运用这个程序。如果遇到问题，可以使用帮助选项。同时如果操作错误，屏幕上也会显示信息，告诉并且教授怎样改正。一旦适应了这个计算机系统，家庭农场主可能就想扩大其应用范围，但务必使计算机的配置能满足业务需要。家庭农场发展初期，由于业务不是很多，不用花很多的钱购买最高配的计算机。如果经过一定时期的发展之后，现有的电脑配置已经不能满足业务需求，可以再进行升级。

计算机专家们可以给家庭农场主提供齐全的计算机系统，并且教授使用方法。独立的计算机经销商会经营许多品牌的硬件和软件，所以他们会如实地介绍这个系统，以便完全适应农场需要。例如，一些计算机制造商、商业协会和产业集团会供应计算机系统并提供相应的服务。同时经营办公室设备的企业有时在他们经销的各种产品之中也包括计算机系统。他们会为客户提供极好的服务，因为客户在购买他们的硬件和软件时，也可能购买他们其他的办公设备。家庭农场主尽量从一个供应商那里购买所需物品，因为这样会节省时间成本。

②网站推广　许多家庭农场主认为创建一个网站就会自动把客户吸引进来，但事实证明小网站仅靠一些交易量来获得人们的普遍关注的概率越来越低。如果家庭农场主的网站要做成高质量的交易平台，就要求农场主搞一次高密度的宣传轰炸，让目标市场的潜在客户登录网站。

一是在搜索引擎和工商名录上登记。在起引导作用的搜索引擎上进行家庭农场网站登记，这对家庭农场至关重要，因为农场的大部分交易可能都来自这些搜索引擎。每个搜索引擎有自己的标准，农场主只需列出自己的主页，那么这个搜索引擎就会送出它的自动的"蜘蛛"，拾取该网站的其他网页，并把它们放进数据库中。

二是标幅广告。有许多受欢迎的网站卖广告标幅。这个标幅不仅能给网站做广告，而且它也是网站连接客户的一个纽带。在确立的网站上寻人的电子邮件地址，输入标幅广告空间，也满足了农场主目标市场的需求。家庭农场主与这些网站的经营者取得联系，了解他们的广告要求及收费标准。一般来讲，标幅的费用以广告服务的次数为基础，叫作"印次"。家庭农场主支付每一千次印次的费用以网站传送目标观众的能力为基础。家庭农场主也可使用标幅互换服务，这样在农场主的网站上，也会出现他们的标幅。

三是链接。要想寻找一些网站来补充农场主的网站，是看这些网站是否与其他网站保持链接。如果保持链接，发一个电子邮件给网主，让他们在他们链接的目录中也加上我们的网站。通过把他们在互联网上的通用资源地址放在我们的链接页上，达到互换的目的。

目的在于让他们的登陆者也登录我们家庭农场主的网站。

四是在线推广。家庭农场主可以利用互联网本身的力量去推广网站。一是在新闻组上发布一个通知。新闻组是一个电子公告板，人们可以在这里进行彼此分享。选中那些最适合的新闻组并附上产品和服务相应的标题，同时提供一些有用的建议，这不但是一个广告，而且告诉人们，在网站相应的标题下会有更多的信息。二是电子邮件表和微信群聊。电子邮件表就像一个新闻组，只是电子邮件的信息直接送到每一个参与者的信箱里。产生电子邮件表的一种方法是让准客户和老客户将他们的电子邮件地址提交给农场主，以便通知他们领取农场提供的产品和福利。微信的普及使其成为了很好的交流工具。家庭农场主可创建一个微信群用于发布活动或优惠的通知，如农产品大减价、新的主题活动开幕等。

五是线下推广。将农场网站已开始运营的消息告诉客户、准客户、供应商、合作伙伴等。农场主也可以发一篇新闻稿，通过涵盖产品和服务的发行物，使农场主触及客户。但这一切需要和自己网站所发出的信息相统一，可使读者相信这是可靠的信息。把网址放在行销和销售材料的显著位置上，包括农场的名片、信件、广告、宣传单、业务通信等信息。每种材料均应包括农场的电话号码、网址、电子邮件地址或微信公众号名称等。

③重要农业网络平台　家庭农场主需要与时俱进，不断提升自身的综合能力，不仅要利用网络营销增加产品销量，还要依托网络资源学习相关知识，收集对自己有利的信息。

中国农业网（http：//www.zgny.com）：它是政府部门的官方网站。家庭农场主可在网站上了解相关信息和政策，以免政策的变动影响自己的利益；还可以在浏览网站的同时根据政策的导向发现有利于农场经营的相关信息，有利于家庭农场提前做好种植计划，从而提高农场的经济效益。

中国农业信息网（http：//www.agri.cn）：它是农业农村部

官方网站，是具有权威和广泛影响的国家农业综合门户网站。中国农业信息网集 54 个精品频道、28 个专业网站及各省（自治区、直辖市）农业网站为一体，并且由全国各级政府农业网站联网运行。家庭农场主可以根据不同地区或不同农产品查询自己所需的信息。

④网络营销策略　网络销售的方法主要有 6 种。

一是网上商店。家庭农场可以创建自己的网站以销售农产品，也可以在第三方（如京东、淘宝等）提供的平台上经营网上店铺，就像在商场中租用场地开店一样。

二是会员制营销。会员制营销已经成为电子商务的有效营销手段，国外许多网上零售型网站都实行了会员制。

三是网络广告。在网站上插入促销广告，可以形成有效的视觉冲击，引起消费者注意，进而使家庭农场的网站获得更高的点击率，达到促进销售的目的。

四是邮件营销。若广告太多，可能会使用户反感。为了减少广告对用户的困扰，家庭农场可以用邮件的方式保持与客户之间的联系，提高品牌的知名度。

五是网络视频营销。家庭农场可以通过数码技术将产品的概况以视频图像的形式上传到互联网上，消费者只需要进入网站就能看到产品和农场情况。

六是微博微信营销。家庭农场可以注册自己的官方微博、微信，定时更新自己的状态，发布一些产品信息，可达到促进销售的目的。

（6）进行农产品分级与包装

①农产品分级　农产品只有经过分级才能按级定价。分级也便于收购、贮藏、包装、流通和销售。

农产品分级方法主要有两种：人工分级和机械分级。人工分级多用于形状不规则和容易损坏的产品，如叶菜蔬菜、草莓等。

机械分级常与挑选、洗涤、干燥、打蜡、装箱等一起进行，常用分类标准有重量、形状和颜色等。

②农产品包装　包装可减少因互相摩擦、碰撞、挤压造成的机械损伤，减少病害的蔓延，可有效保护产品，利于贮藏、运输和携带，提高销售半径和周期。因此，产品包装是农产品标准化、商品化、保证运输和贮藏的重要措施。

常见的包装容器有：包装箱，制作材料为高密度聚乙烯或者聚苯乙烯；纸箱，制作材料为扳板纸；钙塑箱，制作材料为聚乙烯和碳酸钙；板条箱，制作材料为木板条。

（7）**选择营销渠道**　它是指农产品在销售过程中，由卖方手中进入买方手中的途径，以及相应设置的营销机构。在销售产品活动中，大部分家庭农场主并不将农产品直接销售给最终消费者或用户，而是借助于中间商的转卖活动。

中间商是重要的营销主体。它是指介于生产者与消费者之间，专门从事商品交易业务，具有法人资格的经济组织或个人。中间商的类型基本有批发商、零售商和代理商三种。批发商指处于生产流通的中间阶段，不直接与消费者接触，只是实现大批商品的转运，并对商品具有所有权的中间商。例如，批发商按进货价格将大批商品从生产者或其他批发商购进，再按批发价格发给零售商或其他批发商。零售商指处于商品流通的最后阶段，直接将少量商品按零售价格卖给最终消费者，并对商品具有所有权的中间商。批零差价是零售商的毛利。零售商有水果店、粮店等专业零售店，也有大小超市等综合零售店。代理商或经济人指对商品没有所有权，只充当买卖双方的代理者或中介人，从中收取一定的佣金，对买卖不承担风险。

分销渠道是指农场主将农产品销售给消费者所选择的销售方法。没有中间商的销售渠道称为直销渠道，只有一个销售过程；具有中间商的销售渠道称为间接销售渠道，具有多个销售过程。

销售渠道一般有六种。

①农场主→最终消费者 农场通过农贸市场或本农场直接将农产品销售给消费者。这种销售渠道的环节最少，费用最小。

②农场主→产地零售商→最终消费者 这种销售渠道适用于鲜活农畜产品（如草莓、活鱼等）销售。减少运输次数后可保证产品质量。

③农场主→产地收购批发商→产地零售商→最终消费者 例如，生猪一般由收购站收购屠宰，然后批发给本地肉店，最后销售给消费者。

④农场主→产地收购批发商→销地零售商→最终消费者 地域性强的水果（如香蕉、橘子、苹果、梨）都可采用这种渠道。

⑤农场主→产地收购批发商→销地批发商→销地零售商→最终消费者 如粮食等容易运输贮藏的农产品在进行长距离运输以调剂余缺时可采用这种渠道。

⑥农场主→代理商→中间商→最终消费者 在农产品供过于求时，生产者通过代理商寻找销售机会。如良种需要售后服务，需选择特约代理商经营。

（8）**进行农产品运输** 农产品运输要求尽量做到快装快运、防热防凉，并注意轻拿轻放，减少机械损伤。在运输过程中，应根据不同农产品的特性、运输路程长短、季节与天气的变化等情况，选择适宜的温度、湿度等条件，以减少产品在运输途中的损失。运输工具有火车、轮船、汽车及飞机等。在实际运输中，选择何种运输工具，应考虑产品的贮运特性、经济效益（装卸费、包装费等）等多种因素。

Q8 家庭农场如何进行流体农产品营销？

流体农产品一般是指容易流动和散落的颗粒较小或液态的农

产品，如粮食、油料、油品、蜂蜜、生漆、桐油等。尤其是粮油产品，是关系国计民生的必需品。

（1）**流体农产品的自然属性**

①无固定形状，易流失、散落　流体农产品需要固定的包装固定形状，并且需要特定的包装和运输条件，以防止外包装破损，致使流体农产品流失或散落。

②纯净度高　流体农产品纯净度较高。主要衡量指标是流体农产品质量。粮食和油料的纯净度用纯粮率和纯质率衡量；食用油、桐油、蜂蜜等农产品的纯净度是用水、杂质限量来衡量。例如，按照国家标准，粳稻一级（GB 1350—1999）的出糙率≥81％，整精米率≥60％；玉米一级（GB 1353—1999）的容重≥710 克/升，杂质≤1％，不完整粒≤5％；一级菜籽油的水、杂质含量均不得超过 0.1％；生漆中自然渣含量不得超过 3％～5％等。

③易混杂、污染　粮食和油料等流体农产品，如果在生产过程中不合理地施用化肥和农药，会造成不同程度的残毒污染，影响产品品质；如果加工过程的操作或管理不当，易使不同等级、不同规格的产品混杂在一起，而且较难分离；如果保管不善，又容易产生霉菌（主要是黄曲霉毒素），造成霉毒污染。生漆、蜂蜜等流体农产品还易被人为地掺杂其他物质而被污染。

由于流体农产品纯净度要求高，并且易被污染，所以，流体农产品经营的质量标准要求高，验质技术性强。

（2）"五讲" 和 "五防"　根据流体农产品的自然属性，其营销要求可以归纳为"五讲"和"五防"。

①讲包装，防撒漏　流体农产品包装大多形式多样。包装必须严格密封以防在运输过程中因包装损耗而使商品撒漏。要达到密封标准，需采用符合标准的包装物与正确的包装方法；在运输中应科学装卸，防止过度磕碰。对散装运输的粮食和油料必须灌

包压顶并严密封盖。

②讲质量，防掺假　为保障纯度，需把好质量关，防止掺杂造假。不达标农产品不得进入市场销售。

③讲卫生，防污染　流体农产品在物流环节，由于技术水平低、流通环境差等因素，易受到磷化物等的污染。因此，防污染应从源头抓起，从生产环节抓起，各相关单位应积极提供生产技术服务，做好防污染宣传。同时做好卫生工作，如防虫、防鼠、防霉等，特别要防止化学药剂污染。

④讲技术，防混杂　粮食类流体农产品品种多样，如果在搬运中或其他操作中处理不当极易造成物理混杂，导致产品质量降低。因此，经营者需运用科学管理方法，辅之相关技术设备，在收购、加工、存储、运输、销售等环节都要按照章程与技术进行，确保农产品等级、规格排列有序。

⑤讲保管，防质变　流体农产品物流量大，流通环节复杂，因此保存非常重要。如果稍有偏差就会出现如粮食霉变、蜂蜜变质、食用油变酸、桐油变性等情况，降低甚至丧失农产品的使用价值。所以，必须严格按照要求存储，严控变质因素，确保流体农产品安全。

Q9 家庭农场如何进行鲜活农产品营销？

鲜活农产品是指与居民生活息息相关的新鲜蔬菜、水果、水产品、畜禽及其肉类产品。根据鲜活农产品的自然属性，鲜活农产品营销应做到"四讲究"。

（1）**讲究速度**　速度是实现产品保鲜的第一要义。为适应鲜活农产品的时令性与流通性，家庭农场主在经营中应讲究速度，做到快买、快运、快卖。最好能组织鲜活农产品直线流通，减少中间环节，实现产销对接。即卖方与买方直接见面交易，可把大量新鲜农产品直接供应给消费者，更好满足消费者需要，提高经济社会效益。

（2）**讲究质量**　为适应鲜活农产品上市的季节性与流通中的易变性，家庭农场在营销中应根据市场需求细分商品类别，按照不同规格与质量标准划分等级，采取灵活定价方针，满足消费者偏好。

①要有季节差价　鲜活农产品上市具有淡旺季之分，即使是同一种鲜活农产品因气候差异，其上市时间也有先后之分。因此，应当根据上市时间确定合理季节差价。

②要有质量差价　鲜活农产品不像工业品那样规整、稳定，没有明确统一的质量标准，尚不能统一定价，要经过不断挑选才能分出等级按质论价。所以，要分等论价、允许挑选、卖剩的要降价，即鲜的鲜价、活的活价、死的死价、未卖出去的及时降价。这是鲜活农产品经营的生意经。

③要适时定价　有些鲜活农产品，当出现供过于求的现象时，家庭农场主应通过降价来扩大销路。因为在特殊情况下如果不通过降价以求尽快销售，将会使产品腐坏变质，遭受更大的损失。当出现供不应求的现象时，家庭农场主可适当地提高价格，以获得较高的利润。

（3）**讲究卫生**　鲜活农产品在流通中的突出问题是保质期短，易发生腐烂和变质。人们食用了用变质材料制作的食品，会对身体健康产生危害。另外，鲜活农产品在生产和加工过程中要防止外来污染，如农药和兽药的残留、化学添加剂的超标使用、储藏及加工运输过程不卫生导致的污染等。因此，鲜活农产品经营的全过程都应该讲究清洁卫生，不仅要保证商品本身的质量，还要杜绝来自外界环境的污染，严格保证产品的卫生质量安全。

（4）**讲究技术**　鲜活农产品的各个营销环节都有各自特有的

技术要求，家庭农场主要掌握相应知识，积极采用先进的实用技术，同时要运用先进的设备和手段，在最大限度满足消费者需求的基础上，提高经营效益。

Q10 家庭农场如何进行有机农产品营销？

有机农产品是根据有机农业原则和有机农产品生产方式及标准生产、加工出来的，并通过有机食品认证机构认证的农产品。

（1）**以各地的名特优农产品为引导，提高知名度**　我国相当一部分地区的农产品在国内外有较高的知名度（如中药材、山野菜、林果产品等），家庭农场可以根据农场条件，选择以这些农产品为起点开发有机生产相对比较容易被国内外消费者所接受。

（2）**以经济作物为引导，增加有机生产种类与规模**　禁止使用化肥和农药是有机生产的前提，且在产品正式认证之前需要经过 3 年的转化期。因此，在有机生产的初期，应选择价格优势较为明显的经济作物为基础，以后逐步推开。

（3）**保证有机农产品质量，树立良好信誉**　农场主要防止出现假冒伪劣、低价倾销等恶性竞争现象，确保有机农产品信誉。

（4）**加强对农民和雇工的培训**　有机生产涉及种植、养殖和加工等诸多领域，要对雇工进行科学知识和技术方面的培训，使之具有较高的素质和技术水平。

（5）**加强对有机生产全过程的控制**　农产品质量和数量可追溯是有机生产最突出的特点，也就是说，商品在消费之前必须保证其信息能够查询，并可追溯到产地、涉及的流通全过程等，以保证农产品做到了真正的有机。

（6）**给国内市场足够的关注度**　我国有机农产品的国内消费

市场正在逐步形成。随着生活水平的不断提高，人们关注的不仅仅是吃得饱的问题，更关注产品品质、营养等，可重点在蔬菜、蛋、肉和茶叶等产品上推进有机生产和消费。

（7）**重点突破国外市场** 家庭农场主应在保持传统出口市场的基础上，积极开拓新的出口市场，发展新的客户和开发新的产品。

（8）**对市场产品进行重点定位** 例如，以婴儿食品和老年人食品为突破口，重点开拓城市高收入群体市场。

Q11 家庭农场主为何要参加农业经纪人培训？

农业经纪人是指从事农产品收购、储运、销售及销售代理、信息传递、服务等中介活动而获取佣金或利润的经纪组织和个人，相当于企业的职业经理人。

家庭农场主参加农业经纪人培训并成为农业经纪人，具有以下好处。

（1）**可以加快自产的农产品商品化** 经纪人是连接市场需求与本地生产的重要桥梁，把自产的农产品介绍给当地市场，让商品成为本地市场的重要组成部分，使家庭农场的产品优势转换为市场优势。

（2）**可以更快地实现产业化经营** 农业经纪人担负着农产品市场变化的信息传递任务，能够及时掌握农产品的供求情况，对农业生产起着引导作用，具有把零散的农产品集中起来进行交易的能力，从而加快家庭农场的产业化经营。

（3）**更新农场主的经营理念** 无论是农产品的生产、包装方面，还是储运、销售等方面，家庭农场主都可以了解到最新的符合时代要求的做法。成为农业经纪人还可以加强农场主的市场竞争意识，使自己的产品更快、更好地走向市场。

Q12 家庭农场如何创建农产品品牌？

（1）**定义** 品牌是一种无形资产，是制造商或经销商加在商品上的标志，一般包括品牌名称和品牌标志。品牌的载体是和其他竞争者的产品或劳务相区分的名称、术语、象征、记号或者设计及其组合，是可以触发受众心理活动的商品标识。首先，品牌要有一个标识作为载体，这个标识就像品牌的躯体，如苹果手机的"苹果标识"等。但是仅有标识是不够的，就像人要有躯体但更要有灵魂一样，只有那些能触发受众心理活动的标识，才能真正吸引消费者。

（2）**功能** 品牌的功能一般表现为两点：一是从消费者的角度，容易识别、辨认农产品，传递生产者及农产品的相关信息，创造农产品个性，便于为消费者服务，减少消费者购买风险；二是从销售者的角度，品牌可以允许品牌商在一定程度上提高农产品的价格，可以为品牌商树立良好的形象。

（3）**进行绿色食品、有机食品认证** 家庭农场应严格按照国家的相关标准生产无公害农产品，如果有条件还可以建立自己的绿色食品和有机食品生产基地，进行绿色食品和有机食品的认证。家庭农场的生产过程一般要做到以下几点：一是在生产过程中要有统一的标准、操作规程、产品质量；二是在生产过程中要不断改进农产品品种，不断推广相关新技术；三是为了保障农产品的质量安全，可以建立可追溯体系。在严格有效的监控之下，家庭农场产品品牌建设的各个环节和阶段都要严格把控，从而打造优质的农产品品牌，提高家庭农场的知名度、竞争力等。

（4）**农产品品牌的设计原则**

①合法规范性原则 设计的品牌内容不得与国家法令法规规定的内容相抵触，国家禁止使用的图案、标记不得使用。例如国

徽、国旗、军旗、勋章等。

②美观新颖性原则　品牌要美观大方、新颖、构思精巧，以此来刺激消费者产生购买欲望。

③简明通俗性原则　品牌要简单明快，易于消费者辨认，易于记忆，能在较短的时间内给消费者较深的印象。切忌复杂冗长、烦琐、图案模糊不清。

④寓意深刻性原则　品牌应该能反映企业本身产品的特色和风格，使消费者很容易将企业与品牌标志联系在一起。例如，玫瑰与爱情联系在一起，皇冠与荣耀联系在一起，等等。

对农产品品牌进行命名时，可以选取以下切入点：一是根据产地命名，如原阳大米、山西老陈醋等；二是以动物、花卉名称命名，如玉麟西瓜、千叶春大米；三是以人名命名，如"禹王"牌农机产品；四是以企业名称命名，如南京桂花鸭集团的桂花牌盐水鸭；五是以吉祥词命名，如"好想你"枣。

（5）**做好品牌宣传**　要打造一个众所周知的品牌，最重要的一点就是做好品牌宣传，提高人们对品牌的认知度，扩大品牌的知名度和影响度。要提高品牌的知名度，一是充分利用报纸、广播、电视和互联网等媒体，加大推广家庭农场品牌的力度，做好品牌工作，进而提高知名度。二是积极参与农产品展销活动，充分利用农产品博览会、农产品展销会等活动推广家庭农场的品牌。三是发展较快的家庭农场要积极开拓经营模式，可以加入产品配送服务，或进行连锁经营，进而扩大农产品营销范围，达到提高品牌知名度的目的。

（6）**维护品牌信誉**

①农产品明码标价，赢得消费者信任　家庭农场主应该将农场生产的农产品按照品质和等级的不同进行明码标价，这样既可以降低消费者对农产品质量的顾虑，提高消费者对品牌的信任，也可以在一定程度上量化家庭农场主对自产农产品的质量认知，

有助于进一步提高农产品质量。当然，明码标价并不等于坐地起价，若将自己的农产品价格定得特别高，大大超出自己的品牌价值，这样只会让消费者的信任度大打折扣。

②农产品可追溯，长期严把质量关　首先，家庭农场主可将农产品生产操作流程有关信息输入标准化数据库，统一录入国家质量可追溯软件程序。其次，在产品收获时，该产品身份信息在数据库中完整记录，数据库给该产品一个专有身份识别码。当产品发送至加工者手中时，识别码可随产品标识传递给加工者，加工者通过识别码了解数据库中产品信息，并将加工信息录入数据库，最终获得包含产品生产与加工两部分信息的新识别码。最后，新识别码传递至销售者。

下面将以浙江省农产品质量可追溯平台为例介绍农产品可追溯系统的操作步骤（图 3-1 至图 3-11）。

在浏览器中输入网址 http：//www.zjapt.com，进入浙江省农产品质量安全追溯平台，然后点击农业主体信息管理系统，输入账号密码进入系统。

步骤一：进入系统。

图 3-1　进入浙江省农产品质量安全追溯平台

图 3-2 进入农业主体信息管理系统并登录

步骤二：点击主体追溯后，在主体信息栏下依次填写并保存主体基本信息、主题简介、产品推介、企业人员相关信息。

图 3-3 点击主体追溯

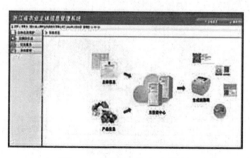

图 3-4 进行主体信息维护

图 3-5　主体基本信息

图 3-6　主体简介

图 3-7　产品推介

78

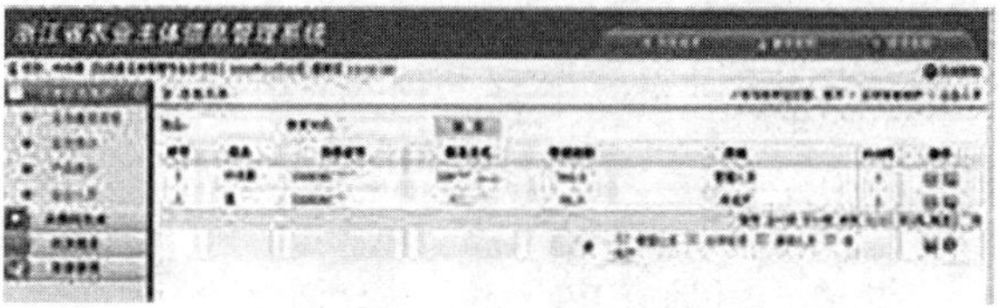

图 3-8　企业人员信息

步骤三：点击第二栏追溯码生成中的主体追溯码，填好相关信息后点击保存。

图 3-9　主体追溯码

步骤四：生成二维码后就可以进行打印，然后一张张农产品的"身份证"就这样诞生了。将打印的"身份证"张贴到产品上，各个农产品"明星"们就有了自己的前世今生。

图 3-10　生成二维码

图 3-11 打印"身份证"

Q13 家庭农场的收支包括哪些?

（1）**家庭农场的收入构成** 家庭农场的收入就是指一定时间内家庭农场经济利益总收入（表 3-10）。这些收入是在销售产品、提供劳务和让渡资产使用权等经营活动中形成的，具体包括农产品销售收入、工资性收入、商业性收入、服务性收入、投资性收入、补贴性收入和其他收入。

表 3-10　家庭农场的收入构成

项目	说明
农产品销售收入	销售农产品所取得的资金流入
工资性收入	外出务工或帮工取得的收入
商业性收入	经商盈利、出租设备等取得的收入
服务性收入	利用设备为他人提供服务所取得的收入
投资性收入	投资回报、参股分红、存款利息等取得的收入
补贴性收入	政府的各类补贴
其他收入	奖金、偶然所得等收入

（2）**家庭农场的支出构成** 家庭农场的支出就是指在一定时

期内家庭农场进行生产经营和日常生活所产生的支出费用。家庭农场的支出包括两方面：生产性支出和生活性支出。

①生产性支出　家庭农场的生产性支出包括土地流转费、劳动雇工开支、外来服务支出、外来投资支出、设施设备租赁费、设施设备维修保养费、设施设备折旧费（一般按 5 年折旧制，永久性建筑按 35 年折旧制）等。

②生活性支出　家庭农场的生活性支出包括基本生活开支、出行和旅游开支、水电网费（生活用和生产用合并计入生活开支）、保险费（家庭成员的人身保险费、家庭财产保险费、农业生产保险费）、管理费（办公材料费、差旅费）等。

（3）树立风险意识和防范意识

①拥有风险意识　由于农业的风险相对较大，家庭农场主在经营过程中会遇到很多风险，如自然风险、技术风险、经济风险和社会风险等。在自然风险中，自然灾害会给农作物造成很大的伤害，因此农场主在经营管理中应尽量减小自然风险。在技术风险中，化肥农药的过度使用不仅会影响农产品质量，还会影响消费者的身体健康。在经济风险中，最常见的就是市场风险和财务风险。在市场经营中，忌讳的生产行为之一就是盲从、"跟风"，对产品的生产"一哄而上"或"一哄而散"，使自己生产的农产品与市场需求不能匹配。在财务管理中，要注意因死账或呆账损失而承担的风险，也就是要注意自己的债务问题。在社会风险中，主要应注意自己农场雇工的消极怠工、罢工行为，这可能是农场的管理出现了问题。

②注重加强防范

一是科学决策。科学决策是规避风险的有效措施。家庭农场主进行经营决策时，必须认真分析市场，加强市场调研和市场预测，减少经营的盲目性，降低经营风险。在进行家庭农场规划设计时，必须设计合理的安全防护体系，降低风险事件发生概率。

81

二是加强农业基础设施建设。改善农业生产条件，加强农田水利设施建设，提高系统的抗旱防洪能力，增强家庭农场抵御自然灾害的能力。

三是优化家庭农场生产结构，增强经营应变能力。家庭农场要能根据市场供求变化，适时调整生产经营项目，生产适销对路的产品，降低市场风险。

四是完善经济合同制度。家庭农场需要与社区发生各种合作关系，如雇佣长期用工或季节性临时雇工、将部分生产项目外包给农民专业合作社或农业专业企业、购销生产资料和产品等，发生这类合作关系时，尽量签署相应的协议或合同，明确双方的权利与义务，降低风险。

五是加强人员培训，强化安全生产意识。加强生产过程的安全监控管理，机械设备和大型设施必须由具有专业知识的人员操作，避免发生安全事故。加强技术管理，提高相关人员的操作技术水平和农业技术应用的规范性。

Q14 家庭农场如何进行会计核算？

（1）家庭农场会计核算的必要性 家庭农场要建立相应的会计核算制度。如果没有一套科学的会计核算制度，不进行账簿登记，就不能全面、准确、及时、系统地反映生产经营活动，不能准确地计算生产经营收入与支出，就无法计算经营盈亏与最终成果。不计算经营收入，就难以知道如何扩大财源；不计算成本，就找不到降低成本的途径。如果弄不清做什么有利，做什么利大，做什么利小，做什么亏损，也就无法着手组织生产经营。为了正确地反映家庭农场的生产经营情况，改善管理，促进生产发展，增收节支，提高经济效益，所有的家庭农场都应当建立会计核算制度。

现在兴办家庭农场已不是自给自足的小农经济，自己心里核算一下就行。随着经营规模的扩大，经营内容的不断增多，家庭农场必须借助会计核算方法来经营管理。发达国家的很多家庭农场都把自己的经济活动数据存入电脑，以便随时分析经济效益。

（2）**家庭农场会计核算的主要内容**　家庭农场建立会计核算制度，可为家庭农场的健康发展提供支持，从而提高家庭农场的经济效益。家庭农场建立会计核算制度不仅要明确说明会计的概念和作用、会计核算与家庭农场的关系，更重要的是要根据会计核算理论，并结合家庭农场的实际情况，建立可行、适用的家庭农场会计核算制度。

①会计的概念　会计是以货币为主要计量单位，以会计凭证为依据，按照规定的会计科目，运用特定的记账方法，遵循一定的记账程序，登记账簿，核算和监督一个单位经济活动的一种经济管理工作。它能够连续、系统、全面地反映家庭农场的经济活动。

②会计核算的对象　会计核算的对象是家庭农场在生产过程中的资金运动，既包括作为资金运动静态表现的资金运用和资金来源的增减变化，也包括作为资金运动动态表现的资金耗费和收回以及财务成果的形成过程。

③会计核算的任务　一是监督生产经营过程中人力、物力、财力使用情况及经营成果，为经营管理工作提供真实可靠的资料。二是检查和分析经济活动情况及其效果，总结经验，不断提高经营管理水平，挖掘增收节支潜力。三是预测经济前景，做好经营决策，促进生产发展。

④会计核算的方法与步骤　一般来说，会计核算的方法与步骤包括：编制和审查凭证、设置账户、复式记账、登记账簿、成本计算、财产清查和估价、编制会计报表。只有做好家庭农场的会计核算，才能提高家庭农场的经济效益，不断促进家庭农场

发展。

　　家庭农场会计核算就是核算生产经营方面资金来源与占用、账目收支与经营效果，但不包括生活资金。其具体包括：生产经营的收入和支出；同生产经营有关的固定财产和流动资产的收入和结存；产品的产出、销售和结存；现金和银行存款的收入、支出和结存；生产经营中发生的各种往来款项；收益分配和承包合同的兑现；有条件的可计算产品的成本。

　　家庭农场的会计核算应根据家庭农场的实际情况确定，要按不同的形式、规模情况，坚持从实际出发，可以有几种会计核算办法，不搞"一刀切"，同时应根据家庭农场的规模大小、经营范围等来设置会计核算的科目与账户等。

家庭农场主应具备的综合素质

　　乡村振兴的主体力量是以职业农民为主的广大农村居民。要让农民成为一种让人向往的职业，要造就亿万懂农业、爱农村的高素质农民。家庭农场主可以依托家庭农场的示范、带动效应，有效调动农民从事农业的积极性，使农民成为乡村振兴的主体和受益者，家庭农场主综合素质的提升有助于提升包括科学文化素质在内的农民整体综合素质。

Q1 家庭农场主应具备的文化素质有哪些？

　　（1）**自身受教育程度和终身学习能力**　随着社会和科技的迅速发展，家庭农场主需具备较高的文化素质能力。这不仅要求家庭农场主自身受教育程度较高，还需要具备终身学习的能力。家庭农场主在立足自身事业发展的同时，还应放眼全国农业形势，参与培训，最大限度地提高自身文化素质，为家庭农场的发展提供智力支持。家庭农场主应养成不断学习、不断进取的好习惯，积极适应新形势和新情况的变化，不断提高自身素质，努力增强适应科技进步和经济社会发展的能力。家庭农场主可以通过参加培训及学习网上农业知识普及视频，提升自己的农业生产知识，并在生产活动中加以利用。

　　（2）**基本的法律法规知识**　新时期家庭农场主应该了解基本的法律法规知识，具备与自己生产生活密切相关的法律知识。一要积极参加普法学习，了解公民的基本权利和义务，学法、知法、守法，树立主人翁意识。二要认真学习农业生产方面的法律知识，了解党的"三农"政策，运用惠农政策加快家庭经济发展和乡村建设，如学习《中华人民共和国农业法》《农村土地承包法》《中华人民共和国农民专业合作社法》等。家庭农场主学习基本的法律知识，是对财产所有权和生产经营权的有力保护。因此，家庭农场主应该掌握一定的法律知识，成为具备一定法律素养的新型农民。

（3）**农业基本常识**　家庭农场主应了解农业基本常识，如农产品安全生产知识，不使用国家明令禁止的农药、兽药等投入品；了解科学种养技术，提高务农技能，积极应用新品种、新技术、新设备等。家庭农场主应具有一定的科学生活常识、现代农业生产、劳务经济等方面的知识，懂市场、善经营、会管理，成为农业专业化生产、产业化经营、适应市场经济的高素质的劳动者和带头人，把务农作为终身职业；具有高度的社会责任感和现代观念，有文化、懂技术、会经营，对生态、环境、社会和后人承担责任，成为建设社会主义新农村的重要力量。

Q2 家庭农场主应具备的专业素质有哪些？

（1）**种植、养殖、初加工等技术知识和生产技能**　种植、养殖、初加工等技术知识和生产技能是开办家庭农场应具备的基本知识。家庭农场主应该着重考虑如何运用自己所掌握的技术知识提高农作物和畜禽产品的质量和产量。家庭农场主应具有丰富的大农业综合基础知识，包括种植业、林业、牧业、渔业等，以及熟练的实用技术，包括果树种植、蔬菜和作物栽培、农业机械、农业气象、畜禽饲养、加工贮存、病虫害防治、家禽疫病预防、遗传育种等。此外，家庭农场主还要深入到生产实践中，亲自动手，发现和解决各种实际问题，使自己了解生产情况，积累实践经验。如果只学会了书本理论知识而不去调查研究、动手实践，就不能称之为合格的家庭农场主，因此，家庭农场主要不断地学习、实践、总结和更新知识和技能。

（2）**机械设备技术知识和基本技能**　机械设备技术知识和基本技能是开办家庭农场应具备的实用知识。从事农业生产，需要经常与农业机械打交道。家庭农场主应要求农机具使用者安全操作农业机械，督促定期检查农机具，这就要求家庭农主场等负责农机具的农民具备丰富的农机具基础知识，熟悉各类农机具的构造、工作原理、维护保养、安全操作等一系列较为系统的机械设备技术知识和基本技能。只有了解与掌握更多的农机具知识，才能更好地指导其他人员使用好农机具，以达到"高效、优质、安全、低耗"的目的。对农机具的灵活使用可以提高工作效率，减少雇工数量，从而减少经营成本。

（3）**网络技术知识和"新农具"使用技能** 网络技术知识和"新农具"使用技能是开办家庭农场应具备的高新知识。当今，我国已进入知识化、信息化的经济时代，农业生产越来越需要更多的科学技术来提质增效。农场主掌握并应用高新技术，可在有限的土地上增产增收；应用网络技术和智能化的数据技术，建立健全农业管理系统，使农业管理达到规范化、一体化；应用农业电商合作进行"互联网＋"模式的经营发展，可以使农场获得更多的利润。因此新时期农业生产对农业科技人员的要求与需求也越来越多，只有掌握网络技术等一系列知识，才能适应新型农业发展的要求。

Q3 家庭农场主应具备的管理素质有哪些？

（1）**财务管理素质**

①明确财务活动 筹资、投资和收益分配是家庭农场主要涉及的财务活动。其中，筹资活动更多表现为向债权人筹资的方式，如通过向亲属、朋友、商业银行借款筹集资金。家庭农场中的投资活动基本以长期投资为主，因为农业生产周期长的特点使投资活动无法产生快速收益。收益分配活动，要使家庭成员、季节性雇工、合作机构等主体间的利益得到合理、合法分配。

②理清财务关系　家庭农场的财务关系相对比较简单，主要包括农场与债权人、农场劳动力之间的关系。目前，农场在购买机械、厂房设备方面仍需缴纳一定的税金，因此也就涉及农场与国家税务机关的关系。农场的财务关系主要依靠农场主来协调，因农场工作人员主要以家庭成员为主，农场主要应合理处理和协调土地所有权以及与季节性雇工、税务机关之间的关系。

③明晰财务目标　在财务目标方面，家庭农场的目标比较单一。家庭农场主需要认清农场经营的目标是实现利润最大化和农场价值最大化。家庭农场主需要引进先进的设备，学习和应用科学技术，进一步提高农场的收益，增加收入，进一步扩大经营范围，突破发展障碍，带动农民生活水平提高。

④规范财务管理　家庭农场主应依据《农业企业会计制度》相关要求完善有关家庭农场的财务内容。一方面，为加强农场的经营管理，提高经济效益，需要规范农场的会计核算程序，规范原始凭证的取得途径，规范记账凭证的编制，规范应上报的会计报表。另一方面，需要明确家庭农场农产品成本的开支范围，正确划分家庭农场成本核算中各种支出、费用、成本的界限，如直接人工费、直接耗用生产物资费、分次摊销的生产物资费、机械作业费等。

（2）人员管理能力

①劳动力培训　家庭农场主需要积极推进劳动力的培训，促使家庭农场成为学习型组织，提升农场应变能力，提高农业劳动者文化素质，才能保证农场在激烈的市场竞争中处于优势地位。首先，要加强农场员工的政治理论教育和适应实际工作需要的业务培训，提高思想觉悟水平和积累专业知识、新技术等，教育员工自觉维护农场的声誉和利益；其次，要进行按需培训，针对不同层次、不同类别、不同岗位采取不同的培训，做到学以致用；最后，要制定员工培训绩效标准，农场主要制定好培训计划及培

训后的预期目标，并做到及时更新调整培训方式方法，探索培训与职工的工资福利等挂钩机制。

②劳动关系管理　家庭农场主在人员聘用上要规范。首先，家庭农场主在签订劳动合同时应根据《中华人民共和国合同法》的相关规定，并依据当地经济文化发展水平和农场的基本状况而定。农场可以根据自身情况以示范版本为基础修订劳动合同的基本内容，如合同期限、薪酬、工作时限等。

（3）**生产管理能力**　经营农场目的就是追求利益最大化，所以农场经营者在决策时必须保持头脑冷静和理智，不能义气用事或者靠感情办事。家庭农场主可通过收集数据、分析市场来提高自身的管理能力，以便更好地指导生产和带动农民发展。

（4）**农村社会学知识和社会交往能力**　首先，家庭农场主应加强农村社会学的学习，了解当地农村的社会组织、社会结构、社会生活等实际情况，善于同农村干部、群众、青年等不同类型人员交往，培养发动群众、组织群众、依靠群众的群众工作能力。其次，家庭农场主一般都要有一定的社交能力，能处理好与不同主体的关系。最后，家庭农场主在与人交往的过程中要不拘一格，灵活应对。即使对方与自己的价值观或者做事原则有所不同，但只要双方存在共同利益，还是可以求同存异、精诚合作。

Q4 家庭农场主还应具备的其他素质包括哪些？

（1）**思想素质**　作为新时期的家庭农场主，应该具备良好的思想素质，特别是时刻保持思想政治上以及行动上与党和国家的步调一致尤为重要。家庭农场主应把理论政策学习放在首位，及时关注和学习党和国家关于"三农"发展的方针、政策、法规，用理论指导实践，用政策指导工作。

（2）**道德素质**　家庭农场主要树立正确的世界观、价值观、人生观，爱岗敬业、崇尚科学，保持良好的职业道德素养，以务实的工作态度以及严谨的工作作风，做好家庭农场中的各项工作。

（3）**身体素质**　人们普遍认为德、才、学、识、体是人才的内在因素，而体是最基本的东西，是成长、成才的物质基础。保持健康的体格、良好的身体素质已成为人才的物质资本。家庭农场主不但要参与生产、实地调查研究、主持会议，而且要协调家庭农场内外部各种关系，与各方人士交涉，需要付出巨大的心力和体力，这要求家庭农场主具备良好的身体素质。

（4）**心理素质**　家庭农场主要具备成熟的心理素质。家庭农场在经营管理中，会遇到意想不到的自然灾害和市场变化，家庭农场主应具有坚强的意志，时刻保持平常心，遇到难题时能做到具体问题具体分析。家庭农场主应对农场未来的发展充满激情，具有开拓创新精神。

家庭农场的多样化延伸

五

Q1 生态农场

（1）**简介**　生态农场是以生态学的观念及方法，维护农场生态平衡，有效提升资源利用率，实现农场循环发展，是一种以改善土地环境质量的农场发展新模式。生态农场有种植型、养殖型、种养结合型、观光型4种类型，运用种—养结合、种—养—沼气结合、种—养—加工结合等循环利用的生态模式实现农业可持续发展，具有因地制宜、综合性强、方式创新等特点。

（2）**主要特点**

①因地制宜　生态农场建立在对当地自然资源及生产条件充分调查和分析的基础上，做到因地制宜，才能很好地利用资源进行农场生产，同时也保护农场生态环境。不同的自然环境适合种植的作物种类、养殖的畜禽种类有很大差别，同时不同的环境对于农产品的品质具有很大的影响。因而建立农场前对地区的环境因素进行调查研究，不仅可以合理选择农场建设地址，充分发挥自然地理优势，还可以为后期的农场建设和经营带来诸多好处。

②综合性　生态农场与普通农业生产的区别，主要在于生态农场通过能源利用和经济效益的综合规划来提高生产率，从而避免过度消耗自然资源和破坏生态平衡。例如，生态农场通过种植业、养殖业的综合发展，实现了资源的循环利用，种植的作物可以为养殖提供天然的有机饲料，而养殖产生的粪肥则可作为种植业所需的有机肥，辅以太阳能、沼气等能源利用，从而实现资源的充分利用。

③稳定性　生态农场的稳定性包括农业生产与农场环境的动态稳定和农场农业经济效益的稳定增长。农场农业经济效益的稳定增长是建立在对资源消耗和动态补充平衡的基础上的，各系统的物质供给和维持农场生态平衡，需要考虑到整个系统的物质供

给和消耗，生产环节应注重资源投入、环境代价与产出的平衡，因此需要对生态农场的投入、产出等环节的成本进行核算分析，并不断优化调整各环节的生产方式，提升整体的经济效益，从而实现农场农业经济效益稳定增长。

④创新性　以前的家庭经营小而分散，这为家庭农场的规模经营打下了基础。生态农场是以"农场主—经营管理者—直接劳动者"为主要形式的三级经营管理模式。股份合作、分工经营、分红收益，使农场的经营焕发出了新的生机。通过土地流转，农户将土地租赁给农场主或折价入股农场，农场主雇佣农民做工，农户既是股东又是职工。城镇居民也可以通过租赁的方式来获得部分农场土地的种植权，不仅可以体验农耕乐趣，还可以收获绿色农产品。

⑤时代性　生态农场将乡村旅游作为与时俱进的突破口。乡村旅游是将生产、生活、生态结合为一体的旅游方式，是农业和服务业相互结合的产物。乡村旅游不但能增加农场收入，吸引城市居民到农村消费以缩小城乡收入差距，而且能带动周边农户就业。生态农场将农业循环生产的各环节展示给游客，以参观、体验、餐饮、科普等方式融入乡村旅游的发展大潮中，吸引更多的资源和要素聚集，促进农场现代化、多样化发展。

（3）经营优势

①节能环保

一是生产优质能源。生态农场可以采用生物质能利用技术将农业生产废弃物回收利用，可以有效地替代煤炭、石油、天然气等化石燃料，从而实现农场的可持续发展。

二是保护农场及周边生态环境。将农业废弃物通过沼气池变废为宝，尤其是生活垃圾，如食品、蔬菜、排泄垃圾等。废弃物经过沼气池发酵可以产生甲烷、硫化氢、氮气等气体，将这些气体收集起来并加以处理和利用可以得到大量可燃气体；剩余物质还可以作为有机肥料使用。

②清洁生产

一是通过沼气池废弃物循环利用设施。农业生产产生的废弃物通过沼气池进入循环系统，可以有效利用农场及其周边丰富的生物质能资源，进而大幅降低农场对化石燃料的依赖程度，这既可节省成本，又可保护环境。

二是废弃物过腹还田。过腹还田就是将废弃物变成饲料，即经过家畜、家禽的肠胃转化成粪便，将粪便进行集中发酵、烘干变成有机肥料，最后再还田的一种方法。这样有利于生态效益和社会效益的实现。

三是保护土壤。在生产区域表面覆盖一层秸秆，可以减少土壤水分蒸发，增加抗旱能力；可以稳定土壤温度；秸秆腐烂后可以增加土壤肥力；可以减少农膜的使用，保护生态环境。

（4）应注意的问题

①市场定位是否准确 生态农场市场定位准确与否，决定着农场未来经营的好坏。在准备发展生态农场前，不仅需要对当地的自然资源、环境等生产条件进行考察研究，还需要对周边的社会、经济条件及市场需求进行分析，这样在农场设计时才能准确把握建设方向，抓住农场主要产品生产定位，掌握产品市场及潜在需求。

②经营目标是否确定 在生态农场规划设计完成后，需要进一步明确生态农场的建设目标。明确农场主要生产产品、品种、栽培方式、加工方式、第三产业的拓展形式等，都需要经过细致的思考。

③经营理念是否明确 生态农场应该体现特色，也需要有始终坚持的经营理念并贯穿于农场生产经营的各个环节。经营理念对于农场的未来发展具有不可忽略的作用，生态农场应用绿色环保、清洁生产的理念来引导农场的生产经营活动，这样能指导农

场一直处于正确的发展方向上。农场同企业、公司一样，若缺乏正确的经营理念，很可能会造成品牌难以建立，农场发展不可持续，甚至最终走上破产的道路。

（5）**前景分析** 随着生活水平的不断提高，消费者对高质量且安全的产品需求不断增长。生态农场的发展契合当前农业发展的趋势。当前主流的经营模式有以下几种：一是生态农场旅游，定位高端市场，开发商务休闲旅游服务；二是利用农场自然、无污染的生态环境，生产高质量有机食品、绿色食品，供给高级餐厅和酒店，同时发展体验、订购等服务形式，满足多样化需求。

生态农场拥有广阔的市场前景。社会的发展进步为生态农场的发展提供了难得的历史机遇，只要能抓住机会，把握好时机必能在这个领域获得巨大的发展。

Q2 乡村旅游农场

（1）**简介** 随着经济的发展，城市居民的消费需求也不断多样化。为满足城市居民休闲游玩、体验乡土气息的需求，乡村旅游蓬勃发展，乡村旅游农场也应运而生。乡村旅游农场充分利用农业资源和农业生产条件，是集"吃住行游购乐"为一体的新型农场经营形态。乡村旅游农场不仅能深度开发农业资源，同时也能调整生产结构，为农民增收增加途径。游客在乡村旅游农场可以欣赏地道的农业景观、农业生产，吃到正宗农家饭和安全美味的食物；可以在此体验农活，切身感受农业生产的乐趣；可以购买农场农产品。实现城乡的交流互动，农业与旅游的结合，是一种比较高效的农场经营方式。

（2）**主要特点**

①农业生产多样化 城市居民进入乡村进行休闲观光活动，形成了乡村旅游的核心结构，如瓜果采摘农业、大棚观光生态餐

厅、休闲农家乐、特色民俗村等，带动了观赏经济作物种植、绿色蔬菜瓜果消费、畜禽产品消费、餐饮住宿接待、民俗文化消费的全面发展，同时把第三产业引入农村，也可解决农村富裕劳动力的就业问题。

②农村景区化　乡村传统风貌是乡村旅游农场的基础，突出乡村建筑特色，以旅游的理念打造农场的景观，将农场农业生产与旅游观光体验有机结合。乡村民居、田园风光、民族风情等乡村特色成为观光体验游玩的产品。乡村民居与本地资源及文化特色相结合，形成产业型、环保型、生态型、文化型、现代型发展思路。

③农民多业化　乡村旅游农场使农民转变为土地经营者、农场旅游服务者、农场经营管理者，农民的身份实现多样化转变。除了农业生产，农民还需要从事农场产品销售等工作。乡村旅游农场引导农民在农业生产的基础上大力发展观光农业、生态农业、精品农业等，以吸引更多的城市居民来此消费。

④资源产品化　资源产品化可以把农业生产、生活资源转变为具有观光体验价值的实际产品，使资源得到有效利用。乡村旅游农场具体有田园农业旅游、民俗风情旅游、农家乐旅游、村落乡镇旅游、休闲度假旅游等模式。农场的多样化发展才能避免单一的发展模式给游客造成的审美体验疲劳，而模式创新、差异化发展有利于农场的长久发展。

（3）**经营优势**

①有效开发农村潜在旅游资源　家庭农场单纯依靠农业生产经营在当前已不具备竞争能力，而乡村的多元化让农场提升竞争力成为可能。农场竞争力的提升关键在于有效挖掘和利用乡村资源。乡村除了拥有土地和农产品，还有特色自然环境、乡土文化、传统习俗等有形或无形的资源，而乡村旅游农场正是将这些资源与农场生产结合起来，不仅可实现农场内涵与价值的提升，

也可实现乡村资源的有效开发利用。

②促进城乡资源要素交流互动 随着乡村旅游农场的拓展，城市游客将现代化的经济、文化等信息带到乡村，使农民潜移默化地接受现代化的思想观念和生活习惯，自身素质也在学习和实践中不断提升。虽然在信息化时代，农民可以通过网络了解到很多信息，但是实际的市场需求信息可能并不能如实、快捷地反映，而城市居民的旅游消费活动就可以将这些信息带给农民，让服务更加精准。同时，信息媒介、游客等的宣传作用，也促使农场的产品可以推向更广阔的市场，也为农村富余劳动力务工提供了方向和机会。

③挖掘、保护和传承农村文化 农业旅游的发展离不开农村传统文化的挖掘与创新发展。现实中农业旅游往往容易出现模式单一、盲目模仿等问题，缺乏当地特色，导致农场生产经营难以为继。挖掘、保护和传承丰富有特色的乡村文化，并将其与农场的发展有机结合起来，赋予农场特殊的文化内涵，不仅可以树立农场的独特性和传承性，而且可进一步发展和提升农村文化，甚至形成新的文明乡风。

（4）应注意的问题

①配套基础设施是否建设齐备 乡村旅游农场的发展旨在为城市游客提供休憩玩乐的场所，而接近城市生活的便利服务系统仍是乡村所需具备的。目前，乡村水、电、路、卫生等基础设施的建设主要是政府投入，而满足游客吃、住、游、购、乐等方面的基础设施则主要依靠当地的资源条件，如是否有优美的乡村景观、舒适的乡村酒店、多样的乡村商店等。若没有同城市类似的基础设施的供给，那乡村旅游农场是很难发展的。

②生产经营是否符合标准 随着乡村旅游的快速发展，大量农民利用自家生产的农产品和庭院经营"农家乐"，并依靠低价吸引游客前来消费。其经营形式也具有多样化，如农业观光、民

俗文化、食宿接待等形式。在农户发展旅游农场且发展多样化的情况下，农场主自觉遵守行业标准，规范农场的生产经营管理，为游客提供优质到位高标准的服务，不仅是对消费者负责，也是对自身以及农场的发展负责。

③旅游农场是否有特色产业　乡村旅游农场应避免千篇一律，走多样化发展道路。首先需要依靠特色产业生产特色农产品，形成自己的品牌。然后通过农业休闲旅游项目，吸引城市消费者来游玩体验，并带动购买农场生产的农产品、纪念品等，从而进一步拉动特色产业的发展与创新，这样就实现了农场的持续性经营。若乡村旅游农场没有形成自己的特色产业，则无法提供让游客印象深刻的体验或者产品，而仅依靠服务这类一次性消费，不能形成游客对农场特色产品的消费依赖。从长期来看，农场很难实现持续性发展。

（5）**前景分析**　长期生活在城市的居民，在长久面对拥堵的交通、污染的空气、生活和工作的无形压力后，其闲暇时间则倾向于寻找一个舒适清新的空间来放松身心，而乡村就是这样的一个空间。乡村观光旅游、休闲度假等可以让城市居民体验不一样的环境、放松心情、调整心境。

城市居民的需求促进了乡村产业的结构调整，从单纯的农业向三次产业融合发展，为农民就业增收提供了更广阔的发展空间。广大农村一般远离繁华的城市，具有优良的农业自然环境、美好的田园风光、多样的农业生产活动、悠久的农耕文化、丰富的农家生活，这些都为发展乡村旅游农场提供了有利条件。

Q3 农耕文化农场

（1）**简介**　农耕文化农场是以传统农业生产为基础，传承和展示农业传统种养工艺、非物质文化遗产、农业现代化生产工艺

流程等，并以展示农业生产历史演变及现代化产业链为主的家庭
农场。游客可以在这里体验传统的农业种植、养殖乐趣，也可以
感受现代化生产方式的魅力，同时辅以专家讲堂、与农业相关的
各种游戏活动、非物质文化遗产工艺体验、才艺展示等，实现农
耕文化展示与现代农业生产有机结合。

（2）**主要特点**

①**产业性** 农场以种植业为主，则会有成片的农田，如晾晒
场、储藏仓、水牛、木犁等体现传统农业生产特点的景观；以猪
牛等养殖为主的农场，则会有草料堆、棚舍等。农耕文化农场以
各自的特色产业为基础进行对应传统农耕技术的展示和体验，这
需要充分发挥产业带动作用。

②**传统性** 农业生产受自然条件的影响较大。在传统农业生
产中，由于农民对天地、自然的敬畏，催生出诸多与农业相关的
古老民俗仪式、生产技艺、传统建筑等。这些体现传统农耕特点
的事物在农村得到保留，而传统的文化往往能够增添农场的色彩
和独特性。

③**情感性** 农业是一个具有悠久历史的传统产业，农民往往
乐天知命、热情淳朴。农耕文化农场仍旧保持着传统的乡村风
貌、传统的农业生产趣味。留得住绿水青山，才能留得住乡愁。

④**审美性** 农耕文化农场不仅有农田、果园、菜园、棚舍、
鱼塘、灌溉设施等农业产业景观，还有乡村聚落等传统空间景
观。无论是农业生产活动、乡村自然景观还是村民传统服饰、民
俗工艺品等都具有极高的审美价值。

⑤**文化性** 农民生活中衣、食、住、行、育、乐，以及艺
术、民俗信仰等行为，均具有极高的地方特性，形成独特的生活
文化。

（3）**经营优势**

①**突出文化内涵，提升体验感受** 实际上，农耕文化农场的

体验性与文化性是相互交织的。游客一方面可以亲自参与农事习作，或参加民俗文化体验、制作传统工艺品等；另一方面可以增加对当地文化的了解，增进与农民之间的情感交流。这都使游客能更加深刻地体会农耕文化的魅力，从而提高重游率。

②细分消费人群，提高体验参与度　农耕文化农场的经营产品决定了农场需要对消费人群进行分类。不同的人群对文化的理解及体验都存在较大差异，如学生较为倾向于文化教育性体验，情侣可能更倾向于农场摄影、婚礼等活动，老年人则可能更需要安静舒适的文化体验环境。总而言之，农耕文化农场需要抓住自身特色，结合自身资源和优势条件，做好消费市场目标人群的分类，不断完善产品供给多样性和提高文化体验服务品质。

③强化员工培训，优化体验氛围　经营者的服务是农场主用以展示和传递体验感受的天然平台。农场讲解员的态度，可极大地激发游客体验的积极性。多数农场仅通过简单地搭建农耕场景，提供必需的工具来营造体验活动的氛围，如最常见的休闲垂钓体验。服务人员按要求向游客交代清楚规则后，剩下时间就交由游客自己处理。但一些游客由于没有经验，在体验过程中因看不到成果而失去参与兴趣。由此可见，营造良好的农耕文化体验氛围，不但要打造好的硬件环境，而且要加强对农场服务者的培训，使其在工作中能与游客良性互动，共同创造令游客难忘的深刻体验。

（4）应注意的问题

①如何促进从初级到深度的体验　农耕文化农场主要的类型有观光采摘、传统项目休闲娱乐、文化科普教育三大类，大多是从感官上给予顾客初级的体验，让顾客拥有一时的新鲜感。例如，农事体验，往往是父母带着孩子体验种菜农事，但经过一两次的体验，游客发现并无新意后就不再考虑此项目了。换言之，农耕文化农场若只是单纯的农耕文化科普、农事体验、果树认

养、新鲜采摘、休闲住宿、拓展训练等初级体验，很难实现长久的发展。因而，农耕文化农场需要在初级体验的基础上，拓展丰富农场活动的形式，把各种感官、情感、文化体验融合在一次次的活动里，从心灵深处触动顾客，使之对农场产生很强的信赖感和依赖感。这样，各种产品和服务的销售也就水到渠成了。

②如何实现持续互动体验　让顾客产生持续互动体验的欲望，成为稳定消费者，除了让顾客拥有优质的现场体验外，还应让顾客回家后仍能体验到农场的色彩，这是农场持续经营的法宝。例如，台湾一家以薰衣草为主题的"紫色梦想"农场，在突出现场的特色外，还开发产品供游客购买，同时通过设立农场邮递服务，将顾客对亲朋的话语写在印有农场特色的信封里寄出去，无形中增添了农场与顾客的情感交流与互动，让顾客体会到农场的用心。这便与游客形成了良好的互动。

③如何确定主题　文化主要是依靠游客的体验得以传播，而体验的产品若没有核心主题，游客就抓不到主题，就很难产生深刻的体验感受，也就无法留下长久的记忆。简单明了的主题，不仅要能让游客抓住，也要能融入农场所有的设计和活动中。

突显主题首先需要确定具有特色的农场名称。农耕文化农场强调农业文化特色、别具一格，如台湾的飞牛牧场、跳跳农场等，从农场名称上就抓住游客的眼球。其次，强调主题，如台湾的恒春生态农场、绿世界休闲农场等突出农场以生态为主题，主题代表着特色、理念，没有理念意味着缺乏特殊性，农场也就无法与众多的农场形成差异。

④是否塑造农场印象　塑造农场印象要靠正面的线索，并且每个线索都须经过调和，与主题一致。农耕文化农场塑造印象需要充分发挥文化多样性的特点，如养牛的农场通过挤牛奶塑造鲜活的印象；生态农场通过繁育萤火虫、蝴蝶以及育苗等塑造生态保育的印象。赠与或售卖独特的纪念品也是一种塑造印象的方

式，通过纪念品让回忆跟着消费者走，能唤醒消费者的体验。例如，飞牛牧场以乳牛为图案，制作短袖、帽子、钥匙环等纪念品，以此为基础塑造农场印象。

所有的文化体验设计都应该与主题保持一致，而其他与主题相抵触的因素都要去除，以免影响游客的体验。

⑤是否给予消费者充分的感官刺激　文化体验类的农场，往往需要消费者亲自动手操作才能体会其中的乐趣所在，而是否能够通过第一次的文化体验即给其留下难以磨灭的记忆或独特感受，这在很大程度上影响消费者是否会二次甚至多次消费。因此给予顾客强烈的感官刺激（视觉、听觉、嗅觉、味觉、触觉），让其体会到不一样的文化产品特色，并在心中烙下印记，促使其重复消费并传播体验信息就变得极其重要。感官刺激是可以增强农场主题色彩的。游客所涉及的感官刺激越多，农场设计的体验就越容易成功。例如，养奶牛的农场，以奶牛为主题文化，通过挤牛奶、煮牛奶等体验活动让消费者的感官得到刺激，并留下体验印象，既了解了农场文化，也能充当农场的信息传播者，将体验分享给他人。

（5）**前景分析**　体验是农耕文化类农场提供给消费者的高层次产品，体验是休闲农业发展的重要趋势之一。体验农业不仅可以创造出新的产品，同时还创造出新的服务，带动新兴产业和产业链发展。对于农耕文化农场来讲，借鉴他山之石，大力倡导休闲农业模式的体验活动，必将极大推动特色农业文化健康、持续地发展。

84 共享农场

（1）**简介**　共享农场是以充分涵盖农民利益的经济组织形式为主要载体，以各类资本组成的混合所有制企业为建设运营主体，以移动互联网、物联网等信息技术为支撑，以农场和民宿共享为主要特征，集循环农业、创意农业、农事体验、服务功能于一体，让农民充分参与和受益的乡村振兴综合经营发展模式。共享农场依靠服务组织或者网络平台，将企业、组织、农民连接起来，实现资源、信息共享，加大资源的利用效率，促进农场的收入增加和多元化发展。

（2）**主要特点**

①产品共享　通过私人订制、团购订制等形式，为消费者提供特色农产品直供、认种、认养等订制服务。

②农场共享　利用获得的建设用地或盘活利用空闲农房、宅基地，采取合作、租赁等方式，发展共享农场。

③土地共享　将菜地、果园或其他农地划分为若干小块，以共享的方式，将其经营权租赁给消费者，用于农业生产或农事体验。

④资源共享　将农场闲置的场所、公共空间等资源释放出来，以租赁、合作等形式满足消费者需求。

⑤项目共享　以合作方式共建农庄或共建某一特定的项目。消费者及投资者按约定获得实物回报或投资收益回报。

（3）**经营优势**　共享农场主要经营活动包括参与农事活动、农产品衍生品制作、购买土地、购买农资等经营项目体验。

对于政府而言：共享农场通过使用权交易，实现农场闲置资源与城市需求的最优匹配，使农场与城市形成稳定的联结关系，间接地缩小城乡差距。

对于农场和农民而言：通过产品认养、托管代种、自行耕种、房屋租赁等私人订制形式，达到降低经营风险、提升产品附加值与客户建立强连接的效果。

对于城市消费者而言：通过在农场租赁一片土地，不仅可以体验春种秋实的乐趣，还可以带着亲朋来此休闲放松。

①盘活农村资源 共享农场通过建立共享交易平台，实现农场闲置资源与消费者需求的对接。农场可以将闲置土地、农机、仓储等资源进行共享，盘活闲置资源，提升资源的可利用性。

②实现多方共赢 共享农场中，农民自愿、自主参与，通过将闲置资源共享、参与农场建设、发展第三产业等成为农场一员，并获得大部分的农场资产增值收益。消费者可以通过共享农场租赁农场土地、院舍等，体验乡村生产生活。

（4）**应注意的问题** 目前，已存在专门做共享农场的运营商，其通过接受闲置土地进行托管，并进行规划改造，建成统一生产管理的共享农场。城市消费者可以通过线上下单来获取农场单片土地的收获权，而农场的种植、生产等环节则由农场运营商配备的专门团队负责。但在实际中仍需注意一些问题。

①产品生产是否符合消费者要求 产品订制型共享农场根据消费者认养的农作物，建立信息档案，并严格按照契约标准进行生产。产品成熟后，农场按照消费者需求收获，并将其配送到指定地点，或者委托农场进行代销，销售收入返还消费者。在众多消费者监督下，共享农场唯有始终坚持标准化生产路线，保证产品质量安全，才能保住口碑，收获稳定消费群体。

②服务系统是否健全 休闲养生型共享农场要做好休闲康养，除了基本的养生场所和服务指导人员之外，还需要完善配套的基础设施，如自然环境、交通条件、住宿餐饮等。此类共享农场的发展，需要鼓励农村集体组织和农民以出租、合作等方式发展特色民宿客栈，吸引消费者特别是"候鸟"式的群体前往农场进行休闲养生度假。

③资金使用管理是否合理 投资回报型共享农场是消费者及投资主体依靠众筹募集资金，合作建设而成。农场为消费者及投资者提供农资供应、技术指导、代种代养、产品销售等配套服务，消费者及投资者按约定获得实物回报或投资收益回报。这与

共享单车的运行模式有些类似。随着农场会员的增加，共享农场在某种程度上也就成了一个资金池，而大量聚集的会员费和认领费可以用于投资其他项目。但是资本运作本身存在诸多风险，必须谨慎实施，要有科学的规划和风险预估。

例如，一家养殖共享农场养猪 5 000 头。如果每头按 1 000 元被领养，那么认领金共 500 万元。农场主可以用这 500 万元认领金投资其他项目，从而实现财富的增长，但这 500 万元的投资风险则是农场主不得不考虑的问题。

④农户权益是否有效保障 扶贫济困型共享农场让消费者认养贫困户的农作物、农地、房舍，使贫困户获得出租土地、农作物售卖、房产租赁以及共享农场务工收入，实现贫困户持续稳定增收，也将消费者与农户有效对接起来。农场则可以依靠租赁服务维持经营，并实现资源价值最大化。只要农场存在闲置资源，就可以进行租赁。这既可以使农场和农民获得收益，又发挥了社会效益。比如，农场配备的农机，在完成农场生产后，可以以租赁方式服务周边，或者直接售卖农机服务。

（5）**前景分析** 随着城市化的不断推进，农村人口大量转移、老龄化、非农化等现象出现，农村房屋、土地、劳动力等闲置资源不断增多，其巨大的潜力并未开发。城市中不乏闲置房屋租赁平台，但目前尚无相应平台进行农村闲置资源整合开发。

乡村振兴的实施，使得大量企业家将目光转向农村，并开始对农村投资，也有一些人开始探索农村闲置资源的利用问题。共享农场的市场潜力巨大，只是目前缺少成熟的模式和经验去打开市场。

家庭农场成功案例

案例1 **明宇家庭农场——挖掘农产品品牌价值，树立良好市场销售**[①]

　　明宇家庭农场于2014年注册成立，2016年被评为省级示范家庭农场，农场目前共经营土地340亩，其中流转土地330亩，以种植水稻为主。在不考虑自家劳动力投入、临时雇工投入、自家机械折旧、产品包装费用的情况下，种植水稻净收入近70万元/年。农场采取雇佣会计记账方式，形成良好的收支明细记录。家庭农场生产经营全部实现机械化生产。此外，农场主通过自家生产经营和收购散户粮食两种方式，能够储备粮食300～400吨。明宇家庭农场通过优选良种、实现产加销一体化、打造品牌价值、拓宽销售渠道，取得显著成效。

　　（1）**延伸产业，推动收入增长**　明宇家庭农场通过延长农业产业链，推动农业转型升级，实施生产、加工、销售一体化经营模式，有效延伸了农产品增收价值链，创造了更高的种植利润空间。农场于2014年成立时购买了稻米加工设备，机房占地2 000平方米，通过将带壳的稻米进行初清、清杂、去石、清尘、脱壳、谷糠分离、碾米、筛选、打包等一系列工序，以最小的破碎程度将胚乳与其他部分分离，制成品质较好的大米，实现了农产品供给质量有效提升。通过水稻深度加工，明宇家庭农场进一步提升了水稻的附加值。相对于小农户传统的生产方式，明宇家庭农场实现了专业化、组织化、机械化生产，不仅提高了农业生产效率，而且提升了农产品市场竞争力，增收效果较为显著。

　　（2）**培育品牌，实现价值提升**　明宇家庭农场于2014年9月申请注册了"民和丰"牌大米商标，采用真空处理技术、纸盒

---

　　①　资料来源：微信公众号"中国家庭农场"。

包装方式、标准化生产以满足人们对高质量大米的需求，充分发挥了地域性特色农产品品牌的内在动力。农场主要生产"稻花香"和"超级香"两种类型大米，其中"稻花香"稻谷4.8元/千克，成品大米9元/千克；"超级香"稻谷3元/千克，成品大米4.8元/千克。通过打造特色农产品品牌，"稻花香"和"超级香"两种类型大米分别每千克增收4.2元、1.8元，种植水稻年总收入近70万元。明宇家庭农场及时跟进不断变化的市场需求，深入挖掘特色农产品品牌价值，使得"民和丰"品牌大米市场推广成效显著，树立了良好的市场信誉，在当地具有较高的市场竞争力。

（3）**农机作业，提升生产效率** 明宇家庭农场能够做到耕、种、防、收全程机械化，提高了工作效率，降低了生产成本。在整地时，采用机械深耕早翻，使耕作层加厚，促使农作物根系发达，同时可以提高晾晒耕作层地温，杀死地下的害虫。在育苗、插秧时，采用机械育苗和插秧，使秧苗远近相应，后期长势整齐，便于田间管理。在秋收时，使用联合机，收割、脱粒一次完成。农场使用农业机械代替人工耕种，极大地提高了工作效率，在农忙时具有较大优势，降低了农场的雇工成本。

解读 明宇家庭农场在原有产业发展的基础上，紧跟国家政策，实现产业的标准化发展。农场依靠坚实的产业基础，通过不断提升现代化水平。创新生产经营方式，实现农场生产效益的大幅增加。同时，以打造品牌、塑造品牌、突显产品价值为指引，实现规模化、集约化、品牌化的种粮道路。

此案例表明，以种植业为主的农场，在提升效益、扩大经营的过程中，应当具备以下几个要素：一是注重产业链打造和延伸。单纯地提升种粮产量已无法适应当前激烈的市场竞争，唯有拓展产业链，将产品加工、农场旅游等融合进来，才能充分提升农场效益。二是注重产品质量提升。通过品种改良、科学管理等方式，提升农场的产品品质，获得消费者的青睐，是扩展市场的基础条件。三是注重品牌价值培育。以产品价值、产品口碑、多渠道推广宣传等途径，树立品牌信誉和价值认同感，从而提升市场竞争力。

案例 2 亮亮家庭农场——家庭农场的账本和生活方式[①]

亮亮农场是一个小型家庭农场，拥有 30 多亩土地，采用对环境友善的耕作方式，主要种植小黄姜、辣椒等作物。平时在一张桌子上吃饭的家庭成员共 9 个人：父亲、母亲、大伯、小伯、弟弟、弟妹、侄子、侄女、贺亮，其中参与农场日常工作的成员共 6 个人。

（1）**亮亮农场的收入与开支** 从 2013 年回家算起，2018 年是贺亮和全家经营亮亮农场的第六个年头，这几年的财务情况如表 6-1。

表 6-1　亮亮家庭农场近五年财务情况

年份	毛收入（万元）	盈余（万元）
2013	3	－3
2014	20	10
2015	25	12
2016	30	12
2017	30	12

注：2013 年、2014 年数据为估算。

每年的收入减去生产、销售的成本，以及平均 5 万左右的各种硬件设施投入，所得的"盈余"，就是农场人员的劳动收入，大概每人每月 2 000 元。

具体到 2017 年，亮亮农场的总收入为 307 681 元，总支出

---

① 资料来源：微信公众号"农场主＋"。

为 190 076 元，盈余为 117 605 元。农场 30 万元总收入中，87.6%来自农产品销售，12.4%来自农场接待、讲课费等非农产品收入。农场 19 万元总支出中，与生产直接相关的支出为 67 854.3 元，占 35.7%，包括地租、农资、短期请工、加工材料、农机翻地收割、电费、活动材料等费用。管理费用支出为 39 841.2 元，占 21%，包括差旅费、日常办公费、培训学习费（5 536 元）、人员保险费、对外捐赠（3 420 元）等。固定资产支出为 45 712 元，占 24%。快递相关支出为 36 668.5 元，占 19.3%。

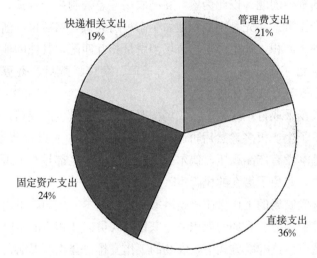

图 6-1　2017 年亮亮农场费用支出情况

　（2）3 万元，也能建农场　2013 年回家的时候，贺亮拿出前些年工作攒下的 3 万多元，作为农场的启动资金。这就决定了农场的基础建设不可能一次性建成，而是逐年投入。这样，资金和人员的投入不至于太集中，既不耽误农场的正常生产，也不占用过多资金，使资源的调配尽量处于家庭可控的区间内。

　亮亮家庭农场没那么多资金投入，雇不起人，也添置不了大型设备，就只得用自身劳动力代替资本投入。虽然一家人很辛苦，但是每年逐渐完善的过程，也让他们看到了农场和自己的成长。

2013 年打水井、买割草机、建鸡舍、牵网线、买三轮车、买电子秤、备置封口机、买做豆瓣酱的坛子等。后面几年陆续建地窖、盖猪舍、建沼气池、盖亭子、修路、修旱厕、买打印机和投影仪、买烘干机、购置货架等。2017 年则建蓄水池、牵动力电、买微耕机、完善农场接待设施。

（3）**根据市场需求规划生产**　返乡前，贺亮也观察过其他农场，发现不少农场求大求全，但在面临销售不佳的时候，会出现明显的资金问题。以此为鉴，亮亮农场注意控制生产规模，不盲目扩产。第一年先是小面积地做生态种植尝试，然后再逐渐增加生态种植面积，让生产量与市场消费量相互匹配，其他的地块则种植绿肥（紫云英、三叶草、勺子草、菊苣、豌豆、蚕豆、油菜、小麦等）或者休耕。

农场采取订单式生产：农场按照订单量去做生产规划，而不是一下子生产很多，然后再来找市场、找渠道。所以这些年来，农场基本没有产品积压，偶尔的一些小波动，也都是在可缓冲的范围内，避免了潜在的风险。

家庭农场的工作量应该是一家人可以基本完成的，不用太依赖外部劳动力。农场的面积要与家里的人员以及相应的生产力水平相适应。这样的方式下，农场的工作安排也会相对灵活自主一些。若农场面积太大，就会超出家庭力所能及的范畴，那么将不得不调整农场的生产组织方式，进入另一种模式。

（4）**家庭的支出**　首先看吃。因为就生活在家里，拥有土地，大部分的食材可以自给自足，只需要付出一些劳动，地里就可以长出各种各样的食材，而且还是上好的食材。这一点跟在城里几乎什么食物都要花钱去买很不一样。某些食材是家里没种，或者种不了的，只有想尝个鲜、吃点特别的，才会采购一些。

其次看住。在住方面的支出，主要是修建房子的费用。自家盖房子的成本，大概只有成都市区买房子的 10%，而且还是"独栋别墅"。虽然似乎没有什么升值的空间，但对于满足自身居住的刚需，这栋"别墅"就完全可以了。

最后看医疗、教育、养老等需求。当地有基本的社会保障体系。孩子直接在当地上学，平时看病直接在当地就医即可。乡镇地区在这些方面的整体水平可能比大城市逊色一些，但基本功能还是具备的。此外，一家人生活在一起，方便补充家庭教育，也能在家养老。生活在乡村，良好的心态、食材以及生活环境，可以把这一方面的风险和成本降低。

这样一计算，人均月收入 2 000 元，虽然不高，可能全家人的收入还抵不上城里一个人的工资，但一家人在家工作、在家生活，相对支出也少，消费也少。

解读 本案例对农场建场、收支和规划部分进行了详细而又系统的阐释。一方面，这是一个小型农场的案例。家庭农场除了要做好布局规划和生产规划以外，自己的账本规划也是格外重要的，尤其像案例中贺亮的小型农场，如果想要持续经营下去，就要谋划好自己农场的收入与支出。只有稳中求好的生产、精打细算的收支，才能为将来农场做大、做强积累资本。另一方面，这是回归理性的案例。没有高调的创业、没有政府倡导的扶贫，定位准确，以家养家，是典型的家庭农场。首先经营好家庭，才能经营好农场。

案例 3 孔蒲中生态家庭农场——稻田综合种养质量高，生态循环模式效益好[①]

孔蒲中家庭农场，地理位置优越、交通便利，距周边市车程

———————
[①] 资料来源：中华人民共和国农业农村部官网。

在 1 小时左右。大溪河从农场穿境而过，气候条件适宜，水源优质而充足。农场注册资本 60 万元，现有流转土地 165 亩，主要发展"稻田＋"生态综合种养。农场规章制度完整、组织结构完善、经营管理规范，主要生产责任人均已接受新型职业农民技能培训，致力于发展高效、绿色、生态的新型家庭农场经济模式。

（1）摸索出"稻田＋" 生态养殖模式，一田多产效益高 1994 年，孔蒲中开始摸索野生甲鱼养殖。甲鱼生性好斗，没有独立的空间就会打架。那一年，他放养的 100 多条甲鱼，因相互撕咬引发感染，损失严重，亏损 7 万多元。为了解决这一问题，孔浦中不断摸索，总结经验。

2006 年，孔浦中终于想到"稻田＋"的生态养殖模式，于是就在稻田里投入 100 多条甲鱼做实验。他发现，甲鱼有了躲藏的地方，也不打架了，同时甲鱼还可以吃掉田里的福寿螺、虫蚁等，水稻长势也更好。受到鼓舞后，孔蒲中逐渐扩大规模，并陆续加入一些新的水产品种。

之后，孔蒲中以"稻鳖共生"为基础，不断创新，逐步让水稻、甲鱼、淡水鱼、泥鳅、黄鳝、青蛙、鸡等在田间实现互惠共生，探索出了"稻田＋"的生态种养模式，其中甲鱼是稻田里的主打产品。这一模式环环相扣，相得益彰。淡水鱼可以吃稻花和枯叶，增加田间通风；青蛙和鸡吃害虫；甲鱼吃福寿螺……通过这种生态模式，他的稻田不用施肥，水稻秧苗移栽后不打农药，出产的东西品质更好。

不过，看似简单的模式，也有不少讲究。孔蒲中介绍，水沟的深度、种养的密度等都要注意，还要密切关注水温变化、保持水质干净……用心，才能种养出好产品。

（2）探索家庭农场的经营方式，响应国家政策 2014 年，孔蒲中注册成立了自己的家庭农场。在经营上，他发动家庭成员，让农场快速运转起来——儿子孔祥双会开车、有技术，担任理事，负责运输，兼技术管理；女儿孔祥丹担任监事，兼技术指导；儿媳张紫灵担任会计，兼电商业务；妻子周媛珍担任出纳；孔蒲中则担任农场主，全面统筹协调。每个人有自己的职责，但有时也没有分很细。虽然有大致分工，但是也很灵活，大家有活就干，可以充分利用劳动力，提高效率。

种养模式和经营方式确立了，产品的销路也不能忽视。孔蒲中介绍，在前期可以多做一些推广，比如发展农家乐，邀请人品尝、试吃等，逐渐树立口碑。同时也要有坚定的信心，相信自己种养出来的生态产品肯定会受到欢迎。

通过不断摸索，孔蒲中的家庭农场运转顺利，不愁销路。他介绍，2017 年销售成品甲鱼达 1 000 千克，甲鱼苗达 2.2 万只、优质米 1.6 万千克，全年利润共计 50 多万元。换算成亩产来看，比单纯种植或养殖的收益高出不少。

（3）**丰富"稻田＋"的内涵，实现一田多产，形成小型生态系统**　在发展过程中，受土地、资金等的制约，孔蒲中也有过困惑。他介绍，随着近年来农村土地承包经营权确权登记颁证的进行，流转的土地有了更加清晰的权属。去年，他抓住机遇，将流转土地的面积从几十亩增加到了 120 亩，今年还将扩大到 200 亩左右，并计划发展农家乐、乡村旅游，使家庭农场规模进一步扩大。去年，浏阳市针对新型农业经营主体贷款难的问题，推出了"财银保"贴息贷款。孔蒲中因此一次性获得授信额度 60 万元的发展资金，用于完善设施、扩大规模，有效缓解了资金紧张问题。周边 100 余户农户都在孔蒲中的带领下开展了相关生态种养，优质稻米和水产养殖供应量双双增加。农民也开始注重绿色生产，环保意识显著提升，农场水源保护、生活垃圾处理等方面都比以前做得更好了。同时，生态绿色种养也符合现代人对绿色食品的需求。

孔蒲中的模式易于推广复制，收益也比较好。村里有了好的致富路径之后，越来越多外出打工的年轻人返乡发展生态种养，把劳动力和技术人才集中了起来。

　　解读　本案例对清洁生产、农场主素质要求、政策支持做了有效阐释。一方面，通过"稻田＋"种养循环的生态养殖模式，不仅保护了生产环境，也降低了中间投入成本，提升了收益。另一方面，农场家庭成员将自身在养殖技术、管理、电商等方面的技能很好地运用到农场发展中，同时积极有效地获取政府的相关支持政策，扩大了农场的规模，并带动了周边的发展。

案例 4 鲁家村的家庭农场集群——抱团发展，利益共享①

　　家庭农场可以实现农业集约化经营，相较于散养散种的运营模式，好处多多。但家庭农场并非在所有时间段、所有地方都适宜。比如，山东省地少人多，许多地方农村人口仍然较多，建设农场并不合适。家庭农场还需因地制宜探索发展模式，不能硬性推广，不做"一刀切"。

　　为建设美丽乡村，发展家庭农场，鲁家村不惜出资 300 万元，聘请高端专业团队，按照 4A 级景区标准对全村进行规划设计。前期设置的 18 个家庭农场，根据区域功能划分，量身定制各自的面积、风格、位置、功能等。其中包括一个核心农场，位于中心村，其余 17 家农场错落有致地分布在四周。18 家农场分别以野山茶、特种野山羊、蔬菜果园、绿化苗木、药材等产业为主，没有一家重复，这是鲁家村家庭农场的特色。此外，鲁家村家庭农场还设计了一条 4.5 千米的环村观光线，将分散的农场串点成线，使之成为一个整体。

　　采用"公司＋村＋家庭农场"的组织运营模式，与安吉浙北

---

　　①　资料来源：微信公众号"中国家庭农场"。

灵峰旅游有限公司共同投资成立安吉乡土农业发展有限公司、安吉浙北灵峰旅游有限公司鲁家分公司,前者负责串联游客接待场所、交通系统、风情街、18个家庭农场等主要场所,后者利用多年经验和客源做好营销宣传。后来又成立了安吉乡土职业技能培训有限公司,为鲁家村民、村干部、创业者、就业者提供乡村旅游方面的培训。三家公司均由鲁家村集体占股49%,旅游公司占股51%。

鲁家村建立了一套完整的利益分配机制,使得村集体、旅游公司、家庭农场主和村民都能从中获得相应的收益,调动了各方的积极性。鲁家村建立了合作分红机制,由村集体、旅游公司、家庭农场主按照约定比例进行利益分配,村民再从村集体中享受分红。

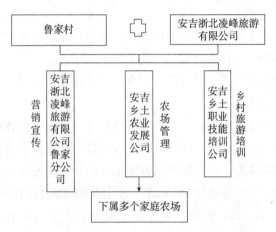

图 6-2 鲁家村家庭农场集群的组织运营模式

解读 鲁家村家庭农场集群是乡村旅游发展模式的一次大胆创新,同样是对家庭农场发展模式的一次大胆探索。

首先,家庭农场建立并非完全单家独户,依靠集体力量才能办大事。通过村集体带头、农户参与的方式对村域农场发展进行集中规划,实现农场多样化融合、合理化布局、协同式发展,不仅能提升村集体和农户经济收入,而且能改善乡村环境,形成靓丽的名牌。

其次，多方参与，突破瓶颈。在实际农场建设中，农场往往受限于资金、土地等要素的约束而功亏一篑。鲁家村家庭农场集群则通过村集体、农户、社会力量的多方参与，成功解决资金、土地、技术等难题，实现资金有效聚集、规划统一到位、发展强劲有力。

最后，结合优势，转变思维。农场建设应突破传统农业生产思维的禁锢，将现代化的生产经营理念融合进来。家庭农场并非是指由家庭经营转变为专门的农业规模化经营，还可以是农业、旅游、观光等形式的有机结合。

案例 5 宝苞农场——线上销售，线下体验①

（1）**线上销售** 通过农副产品、蔬菜瓜果、鲜花盆栽等产品及农业旅游、休闲观光服务产业的线上线下经营，销售农场绿色蔬菜、禽肉和各类优选食品，实现一站式用户体验服务，创造了O2O农业品牌。

（2）**线下体验** 线下的实体经营很像是把城市的各种日常活动都搬到了农场中，并且每一项设施设备都做得特别可爱。这里除了有农耕体验，还有棋牌唱歌娱乐项目、主题餐厅、货柜客栈住宿、会议中心等符合不同游客个性化需求的项目，好玩儿有趣。

2014 年 4 月，宝苞农场还是一块杂草丛生的废地。一直荒着，到处都是半腿高的泥墙、深深的水塘与草地。2014 年，明明说服了几位业界大咖和她合作创办了宝苞农场，在佛山市三水区的 8 000 亩土地上做体验式现代农业。

宝苞农场总占地面积为 8 700 余亩，是宝苞项目线下体验的重要场所，内设数十个功能区，集亲子娱乐、生态旅游、农耕体验、户外拓展、高尔夫练习、野炊烧烤、湿地景观和商业服务等

① 资料来源：微信公众号"中国家庭农场"。

功能于一体。

①野炊区　占地面积为 16 854 平方米，可同时接待 200 人就餐。内设极具农家特色的柴火大灶，可亲自体验下地捉活鸡、捞鲜鱼、破柴枝、生灶火，让烹饪更富乐趣。

②习耕区　占地面积为 13 379 平方米，学习耕种劳作，体验农民之苦、收获之乐；习耕园旁边的蛙塘可供游乐观赏，挽起裤脚，摸螺捉蛙。

③拓展区　占地面积为 29 006 平方米，可接待 300～500 人。设有水上拓展和陆上拓展项目。

④亲子区　占地面积为 8 060 平方米，可接待 2 000～3 000 人。特设淘气堡、动漫、机动游戏等娱乐设施；游戏过后可到生态餐厅用餐。

⑤观鸟区　占地面积为 33 812 平方米，可接待 50～80 人。湖边码头是以木板桥为主体搭建的艺术建筑；可租用皮划艇，设观鸟望远镜。

⑥钓鱼区　占地面积为 212 885 平方米，可同时接待 2 000 人。

⑦赏花区　占地面积为 42 182 平方米，可接待 50～80 人。花田设透明玻璃屋，还可乘坐花道游船体验另类赏花途径。一亩空间，占地面积为 62 304 平方米，可接待 100～300 人。一亩空间分成两部分，500 平方米的宝苞公共种植区和 166 平方米的自留地，公共种植区可利用共享空间购买鸡兔苗养殖；166 平方米的自留地可以租用货柜客栈建设个人居所，其中 66 平方米种植区上完全按照个人意愿安排耕作，收获均归个人所有。

⑧货柜客栈　在整个农场中，夺人眼球的创新产品是货柜客栈。货柜客栈是用废弃的大型集装箱改制而成，放置田园之中。门前种满各种绿色时令蔬菜，四周用篱笆围起来，并设有完善的灌溉设施，为租客提供农耕乐趣。

人的问题是根本问题，谋发展敢创新一定要善于用人。在创始人看来，农业转型要留住年轻人。拥抱年轻人意味着拥抱未来，也就紧紧地抓住了创造力。创造力将吸引更多的眼球，创造人流量，这也将促进农业转型消费升级。

依靠 8 000 亩农场、日均 3 000 人的客流量，在 2015 年 5月，宝苞农场完成了 6 000 万元人民币的 A 轮融资；2015 年 11月，完成 A 轮第二轮融资过亿元。

创始人说："很多人并不看好农业，觉得农业就是耕地种菜，日出而作日落而息，十分辛苦。但苦是必然的，任何人任何阶段都会苦一阵子，但是不会苦一辈子。农业是一个有生命力和无限潜力的产业。它不同于房地产也不同于景区，农业会随着季节和天气等外界因素变化而变化，是一个灵动的生态圈。用户能够参与到更多的农林牧渔相结合的玩耍中来。相比很多固定的景区重资产难转变，农业幸福多了！"

解读 此家庭农场将农业的衍生功能做得很好，尤其是休闲体验功能，是将农业与旅游业结合的范例。此案例也告诉家庭农场主，农业的发展不能仅靠第一产业，需要与第三产业相结合，还需要与互联网平台相结合，才能得到可观的收益和长足的发展。

参考文献 | References

Mel H. Abraham，2017. 企业家之道：如何获得更多利润、粉丝和自由
　　[M]．熊琳，周文娟，译．北京：电子工业出版社．

蔡荣，汪紫钰，钱龙，等，2019. 加入合作社促进了家庭农场选择环境友
　　好型生产方式吗？——以化肥、农药减量施用为例 [J]．中国农村观察
　　（1）：51：65.

冯晓元，孔巍，陈早艳，2018. 家庭农场果品标准化生产与经营实用指南
　　[M]．北京：中国农业科学技术出版社．

冯晓元，孔巍，陈早艳，2018. 家庭农场果品标准化生产与经营实用指南
　　[M]．北京：中国农业科学技术出版社．

傅志强，黄璜，2017. 现代家庭农场规划与建设 [M]．长沙：湖南科技出
　　版社．

高志强，兰勇，2017. 家庭农场经营与管理 [M]．长沙：湖南科技出版
　　社．

关付新，2018. 华北平原种粮家庭农场土地经营规模探究——以粮食大省
　　河南为例 [J]．中国农村经济（10）：22-38.

韩俊岩，张擘，汪博，2019. 家庭农场经营之道 [M]．北京：中国科学技
　　术出版．

何忠伟，赵海燕，刘芳，等，2015. 家庭农场经营管理学 [M]．北京：中
　　国商务出版社．

李绍亭，周霞，周玉玺，2019. 家庭农场经营效率及其差异分析——基于
　　山东 234 个示范家庭农场的调查 [J]．中国农业资源与区划（6）：
　　191-198.

刘新，邹华娇，2014. "家庭农场"丛书：农药安全使用技术 [M]．福
　　州：福建科学技术出版社．

刘旭凡，2019. 回顾国际经验探讨中国家庭农场最优规模的文献综述[J].
世界农业（10）：18-24.

马俊哲，2015. 家庭农场生产经营管理［M］. 北京：中国农业大学出版
社.

农业农村部经济体制与经营管理司，2019. 家庭农场政策和案例汇编
［M］. 北京：中国农业出版社.

农业农村部政策与改革司，中国社会科学院农村发展研究所，2018. 中国
家庭农场发展报告（2018 年）［M］. 北京：中国社会科学出版社.

潘泽江，黄霞，2019. 新型农业经营主体的选择与培育——以湖南永州市
为例［J］. 中南民族大学学报（人文社会科学版），39（4）：132-137.

王彩文，2017. 怎样当好农场主［M］. 北京：中国农业科技出版社.

魏腾达，张峭，2019. 国内外农产品价格支持政策比较与启示［J］. 农业
展望（10）：27-33.

肖鹏，2015. 中国家庭农场的政策与法律［M］. 北京：中国农业出版社.

徐钦军，2017. 家庭农场合作社的运营与管理［M］. 北京：中国农业科学
技术出版社.

徐宗阳，2019. 资本下乡的农业经营实践——一个公司型农场内部的关系
与风气［J］. 南京农业大学学报（社会科学版）（6）：49-60，157-158.

许惠娇，贺聪志，叶敬忠，2017. "去小农化"与"再小农化"？——重思
食品安全问题［J］. 农业经济问题，38（8）：66-75.

杨久栋，马彪，彭超，2019. 新型农业经营主体从事融合型产业的影响因
素分析——基于全国农村固定观察点的调查数据［J］. 农业技术经济
（9）：105-113.

杨伟民，胡定寰，2014. 怎样做好家庭农场［M］. 北京：中国农业科学技
术出版社.

衣明圣，张正一，宋述元，2016. 家庭农场经营管理［M］. 北京：中国林
业出版社.

原伟鹏，刘新平，胡娟，2017. 土地整治促进家庭农场适度规模经营研
究——基于伊犁州和塔城地区调研［J］. 中国农业资源与区划，38
（1）：67-73.

张红宇，杨凯波，2017. 我国家庭农场的功能定位与发展方向［J］. 农业经济问题（10）：4-10.

张建雷，2018. 发展型小农家庭的兴起：中国农村"半工半耕"结构再认识［J］. 中国农村观察（4）：32-43.

赵海燕，唐衡，2018. 家庭农场经营有道［M］. 北京：中国科学技术出版社.

浙江省农业教育培训中心，2014. 家庭农场创建与发展［M］. 北京：中国农业科学技术出版社.

周应恒，耿先辉，葛继红，2016. 农产品运销学［M］. 北京：中国农业出版社.

朱启臻，胡方萌，2016. 新型职业农民生成环境的几个问题［J］. 中国农村经济（10）：61-69.

邹玉友，马国巍，李帮鸿，等，2019. 东北地区粮食型农户家庭农场经营风险认知的影响因素分析［J］. 中国农业资源与区划（10）：1-10.

附 录 | Appendix

附录 1 关于实施家庭农场培育计划的指导意见

各省、自治区、直辖市人民政府,国务院各部委、各直属机构:
家庭农场以家庭成员为主要劳动力,以家庭为基本经营单元,从事农业规模化、标准化、集约化生产经营,是现代农业的主要经营方式。党的十八大以来,各地区各部门按照党中央、国务院决策部署,积极引导扶持农林牧渔等各类家庭农场发展,取得了初步成效,但家庭农场仍处于起步发展阶段,发展质量不高、带动能力不强,还面临政策体系不健全、管理制度不规范、服务体系不完善等问题。为贯彻落实习近平总书记重要指示精神,加快培育发展家庭农场,发挥好其在乡村振兴中的重要作用,经国务院同意,现就实施家庭农场培育计划提出以下意见。

一、 总体要求

(一)指导思想。以习近平新时代中国特色社会主义思想为指导,全面贯彻党的十九大和十九届二中、三中全会精神,紧紧围绕统筹推进"五位一体"总体布局和协调推进"四个全面"战略布局,落实新发展理念,坚持高质量发展,以开展家庭农场示范创建为抓手,以建立健全指导服务机制为支撑,以完善政策支持体系为保障,实施家庭农场培育计划,按照"发展一批、规范一批、提升一批、推介一批"的思路,加快培育出一大批规模适度、生产集约、管理先进、效益明显的家庭农场,为促进乡村全面振兴、实现农业农村现代化夯实基础。

（二）**基本原则**。

坚持农户主体。坚持家庭经营在农村基本经营制度中的基础性地位，鼓励有长期稳定务农意愿的农户适度扩大经营规模，发展多种类型的家庭农场，开展多种形式合作与联合。

坚持规模适度。引导家庭农场根据产业特点和自身经营管理能力，实现最佳规模效益，防止片面追求土地等生产资料过度集中，防止"垒大户"。

坚持市场导向。遵循家庭农场发展规律，充分发挥市场在推动家庭农场发展中的决定性作用，加强政府对家庭农场的引导和支持。

坚持因地制宜。鼓励各地立足实际，确定发展重点，创新家庭农场发展思路，务求实效，不搞一刀切，不搞强迫命令。

坚持示范引领。发挥典型示范作用，以点带面，以示范促发展，总结推广不同类型家庭农场的示范典型，提升家庭农场发展质量。

（三）**发展目标**。到 2020 年，支持家庭农场发展的政策体系基本建立，管理制度更加健全，指导服务机制逐步完善，家庭农场数量稳步提升，经营管理更加规范，经营产业更加多元，发展模式更加多样。到 2022 年，支持家庭农场发展的政策体系和管理制度进一步完善，家庭农场生产经营能力和带动能力得到巩固提升。

二、　**完善登记和名录管理制度**

（四）**合理确定经营规模**。各地要以县（市、区）为单位，综合考虑当地资源条件、行业特征、农产品品种特点等，引导本地区家庭农场适度规模经营，取得最佳规模效益。把符合条件的种养大户、专业大户纳入家庭农场范围。（农业农村部牵头，林草局等参与）

（五）优化登记注册服务。市场监管部门要加强指导，提供优质高效的登记注册服务，按照自愿原则依法开展家庭农场登记。建立市场监管部门与农业农村部门家庭农场数据信息共享机制。（市场监管总局、农业农村部牵头）

（六）健全家庭农场名录系统。完善家庭农场名录信息，把农林牧渔等各类家庭农场纳入名录并动态更新，逐步规范数据采集、示范评定、运行分析等工作，为指导家庭农场发展提供支持和服务。（农业农村部牵头，林草局等参与）

三、 强化示范创建引领

（七）加强示范家庭农场创建。各地要按照"自愿申报、择优推荐、逐级审核、动态管理"的原则，健全工作机制，开展示范家庭农场创建，引导其在发展适度规模经营、应用先进技术、实施标准化生产、纵向延伸农业产业链价值链以及带动小农户发展等方面发挥示范作用。（农业农村部牵头，林草局等参与）

（八）开展家庭农场示范县创建。依托乡村振兴示范县、农业绿色发展先行区、现代农业示范区等，支持有条件的地方开展家庭农场示范县创建，探索系统推进家庭农场发展的政策体系和工作机制，促进家庭农场培育工作整县推进，整体提升家庭农场发展水平。（农业农村部牵头，林草局等参与）

（九）强化典型引领带动。及时总结推广各地培育家庭农场的好经验好模式，按照可学习、易推广、能复制的要求，树立一批家庭农场发展范例。鼓励各地结合实际发展种养结合、生态循环、机农一体、产业融合等多种模式和农林牧渔等多种类型的家庭农场。按照国家有关规定，对为家庭农场发展作出突出贡献的单位、个人进行表彰。（农业农村部牵头，人力资源社会保障部、林草局等参与）

（十）鼓励各类人才创办家庭农场。总结各地经验，鼓励乡村本土能人、有返乡创业意愿和回报家乡愿望的外出农民工、优秀农村生源大中专毕业生以及科技人员等人才创办家庭农场。实施青年农场主培养计划，对青年农场主进行重点培养和创业支持。（农业农村部牵头，教育部、科技部、林草局等参与）

（十一）积极引导家庭农场发展合作经营。积极引导家庭农场领办或加入农民合作社，开展统一生产经营。探索推广家庭农场与龙头企业、社会化服务组织的合作方式，创新利益联结机制。鼓励组建家庭农场协会或联盟。（农业农村部牵头，林草局等参与）

四、 建立健全政策支持体系

（十二）依法保障家庭农场土地经营权。健全土地经营权流转服务体系，鼓励土地经营权有序向家庭农场流转。推广使用统一土地流转合同示范文本。健全县乡两级土地流转服务平台，做好政策咨询、信息发布、价格评估、合同签订等服务工作。健全纠纷调解仲裁体系，有效化解土地流转纠纷。依法保护土地流转双方权利，引导土地流转双方合理确定租金水平，稳定土地流转关系，有效防范家庭农场租地风险。家庭农场通过流转取得的土地经营权，经承包方书面同意并向发包方备案，可以向金融机构融资担保。（农业农村部牵头，人民银行、银保监会、林草局等参与）

（十三）加强基础设施建设。鼓励家庭农场参与粮食生产功能区、重要农产品生产保护区、特色农产品优势区和现代农业产业园建设。支持家庭农场开展农产品产地初加工、精深加工、主食加工和综合利用加工，自建或与其他农业经营主体共建集中育秧、仓储、烘干、晾晒以及保鲜库、冷链运输、农机库棚、畜禽养殖等农业设施，开展田头市场建设。支持家庭农场参与高标准农田建设，促进集中连片经营。（农业农村部牵头，发展改革委、财政部、林草局等参与）

（十四）健全面向家庭农场的社会化服务。公益性服务机构要把家庭农场作为重点，提供技术推广、质量检测检验、疫病防控等公益性服务。鼓励农业科研人员、农技推广人员通过技术培训、定向帮扶等方式，为家庭农场提供先进适用技术。支持各类社会化服务组织为家庭农场提供耕种防收等生产性服务。鼓励和支持供销合作社发挥自身组织优势，通过多种形式服务家庭农场。探索发展农业专业化人力资源中介服务组织，解决家庭农场临时性用工需求。（农业农村部牵头，科技部、人力资源社会保障部、林草局、供销合作总社等参与）

（十五）健全家庭农场经营者培训制度。国家和省级农业农村部门要编制培训规划，县级农业农村部门要制定培训计划，使家庭农场经营者至少每三年轮训一次。在农村实用人才带头人等相关涉农培训中加大对家庭农场经营者培训力度。支持各地依托涉农院校和科研院所、农业产业化龙头企业、各类农业科技和产业园区等，采取田间学校等形式开展培训。（农业农村部牵头，教育部、林草局等参与）

（十六）强化用地保障。利用规划和标准引导家庭农场发展设施农业。鼓励各地通过多种方式加大对家庭农场建设仓储、晾晒场、保鲜库、农机库棚等设施用地支持。坚决查处违法违规在耕地上进行非农建设的行为。（自然资源部牵头，农业农村部等参与）

（十七）完善和落实财政税收政策。鼓励有条件的地方通过现有渠道安排资金，采取以奖代补等方式，积极扶持家庭农场发展，扩大家庭农场受益面。支持符合条件的家庭农场作为项目申报和实施主体参与涉农项目建设。支持家庭农场开展绿色食品、有机食品、地理标志农产品认证和品牌建设。对符合条件的家庭农场给予农业用水精准补贴和节水奖励。家庭农场生产经营活动按照规定享受相应的农业和小微企业减免税收政策。（财政部牵头，水利部、农业农村部、税务总局、林草局等参与）

（十八）**加强金融保险服务**。鼓励金融机构针对家庭农场开发专门的信贷产品，在商业可持续的基础上优化贷款审批流程，合理确定贷款的额度、利率和期限，拓宽抵质押物范围。开展家庭农场信用等级评价工作，鼓励金融机构对资信良好、资金周转量大的家庭农场发放信用贷款。全国农业信贷担保体系要在加强风险防控的前提下，加快对家庭农场的业务覆盖，增强家庭农场贷款的可得性。继续实施农业大灾保险、三大粮食作物完全成本保险和收入保险试点，探索开展中央财政对地方特色优势农产品保险以奖代补政策试点，有效满足家庭农场的风险保障需求。鼓励开展家庭农场综合保险试点。（人民银行、财政部、银保监会牵头，农业农村部、林草局等参与）

（十九）**支持发展"互联网＋"家庭农场**。提升家庭农场经营者互联网应用水平，推动电子商务平台通过降低入驻和促销费用等方式，支持家庭农场发展农村电子商务。鼓励市场主体开发适用的数据产品，为家庭农场提供专业化、精准化的信息服务。鼓励发展互联网云农场等模式，帮助家庭农场合理安排生产计划、优化配置生产要素。（商务部、农业农村部分别负责）

（二十）**探索适合家庭农场的社会保障政策**。鼓励有条件的地方引导家庭农场经营者参加城镇职工社会保险。有条件的地方可开展对自愿退出土地承包经营权的老年农民给予养老补助试点。（人力资源社会保障部、农业农村部分别负责）

五、　健全保障措施

（二十一）**加强组织领导**。地方各级政府要将促进家庭农场发展列入重要议事日程，制定本地区家庭农场培育计划并部署实施。县乡政府要积极采取措施，加强工作力量，及时解决家庭农场发展面临的困难和问题，确保各项政策落到实处。（农业农村部牵头）

（二十二）**强化部门协作**。县级以上地方政府要建立促进家庭农场发展的综合协调工作机制，加强部门配合，形成合力。农业农村部门要认真履行指导职责，牵头承担综合协调工作，会同财政部门统筹做好家庭农场财政支持政策；自然资源部门负责落实家庭农场设施用地等政策支持；市场监管部门负责在家庭农场注册登记、市场监管等方面提供支撑；金融部门负责在信贷、保险等方面提供政策支持；其他有关部门依据各自职责，加强对家庭农场支持和服务。（各有关部门分别负责）

（二十三）**加强宣传引导**。充分运用各类新闻媒体，加大力度宣传好发展家庭农场的重要意义和任务要求。密切跟踪家庭农场发展状况，宣传好家庭农场发展中出现的好典型、好案例以及各地发展家庭农场的好经验、好做法，为家庭农场发展营造良好社会舆论氛围。（农业农村部牵头）

（二十四）**推进家庭农场立法**。加强促进家庭农场发展的立法研究，加快家庭农场立法进程，为家庭农场发展提供法律保障。鼓励各地出台规范性文件或相关法规，推进家庭农场发展制度化和法制化。（农业农村部牵头，司法部等参与）

中央农村工作领导小组办公室

农业农村部　国家发展改革委

财政部　自然资源部　商务部

人民银行　市场监管总局　银保监会

全国供销合作总社　国家林草局

2019 年 8 月 27 日

附录2 自然资源部 农业农村部关于设施农业用地管理有关问题的通知

各省、自治区、直辖市自然资源主管部门、农业农村（农牧、农垦）主管部门，新疆生产建设兵团自然资源主管部门、农业农村主管部门：

随着农业现代化水平不断提升，设施农业生产日益增多，用地面临新的情况和需求。为改进用地管理，建立长效机制，促进现代农业健康发展，现通知如下：

一、设施农业用地包括农业生产中直接用于作物种植和畜禽水产养殖的设施用地。其中，作物种植设施用地包括作物生产和为生产服务的看护房、农资农机具存放场所等，以及与生产直接关联的烘干晾晒、分拣包装、保鲜存储等设施用地；畜禽水产养殖设施用地包括养殖生产及直接关联的粪污处置、检验检疫等设施用地，不包括屠宰和肉类加工场所用地等。

二、设施农业属于农业内部结构调整，可以使用一般耕地，不需落实占补平衡。种植设施不破坏耕地耕作层的，可以使用永久基本农田，不需补划；破坏耕地耕作层，但由于位置关系难以避让永久基本农田的，允许使用永久基本农田但必须补划。养殖设施原则上不得使用永久基本农田，涉及少量永久基本农田确实难以避让的，允许使用但必须补划。

设施农业用地不再使用的，必须恢复原用途。设施农业用地被非农建设占用的，应依法办理建设用地审批手续，原地类为耕地的，应落实占补平衡。

三、各类设施农业用地规模由各省（区、市）自然资源主管部门会同农业农村主管部门根据生产规模和建设标准合理确定。其中，看护房执行"大棚房"问题专项清理整治整改标准，养殖

133

设施允许建设多层建筑。

四、市、县自然资源主管部门会同农业农村主管部门负责设施农业用地日常管理。国家、省级自然资源主管部门和农业农村主管部门负责通过各种技术手段进行设施农业用地监管。设施农业用地由农村集体经济组织或经营者向乡镇政府备案，乡镇政府定期汇总情况后汇交至县级自然资源主管部门。涉及补划永久基本农田的，须经县级自然资源主管部门同意后方可动工建设。

各省（区、市）自然资源主管部门会同农业农村主管部门制定具体实施办法，并报自然资源部备案。《国土资源部 农业部关于进一步支持设施农业健康发展的通知》（国土资发〔2014〕127 号）已到期，自动废止。

本通知有效期为 5 年。

自然资源部 农业农村部
2019 年 12 月 17 日

附录3 农业农村部办公厅 财政部办公厅关于支持做好新型农业经营主体培育的通知

各省、自治区、直辖市及计划单列市农业农村（农牧）厅（委、局）、财政厅（局），新疆生产建设兵团农业农村局、财政局，黑龙江省农垦总局、广东省农垦总局：

为贯彻落实《中共中央办公厅国务院办公厅关于加快构建政策体系培育新型农业经营主体的意见》和《中共中央办公厅国务院办公厅关于促进小农户和现代农业发展有机衔接的意见》精神，按照中央经济工作会议、中央农村工作会议以及中央1号文件部署要求，2019年中央财政加大对农民合作社、家庭农场等新型农业经营主体的支持力度。现将有关事项通知如下。

一、 重要意义

习近平总书记十分重视农民合作社和家庭农场发展，2018年9月21日在中央政治局第八次集体学习时指出"要突出抓好农民合作社和家庭农场两类农业经营主体发展，赋予双层经营体制新的内涵，不断提高农业经营效率"，2019年3月8日在参加河南代表团审议时强调"要突出抓好家庭农场和农民合作社两类农业经营主体发展，支持小农户和现代农业发展有机衔接"。《中共中央办公厅 国务院办公厅关于加快构建政策体系培育新型农业经营主体的意见》明确，在坚持家庭承包经营基础上，培育从事农业生产和服务的新型农业经营主体是关系我国农业现代化的重大战略；加快培育新型农业经营主体，对于推进农业供给侧结构性改革、引领农业适度规模经营发展、带动农民就业增收、增强农业农村发展新动能具有十分重要的意义。

加大对农民合作社、家庭农场等新型农业经营主体的支持，是贯彻落实党中央、国务院关于支持新型农业经营主体发展、促进小农户和现代农业发展有机衔接等一系列部署要求的重要内容，也是加快推进农业农村现代化、夯实乡村振兴战略实施基础的重要举措。各级农业农村、财政部门要切实提高政治站位，进一步统一思想，明确责任要求，切实按照《农业农村部财政部关于做好 2019 年农业生产发展等项目实施工作的通知》（农计财发〔2019〕6 号）要求，加快扶持一批管理规范、运营良好、联带农能力强的农民合作社、家庭农场，发展一批专业水平高、服务能力强、服务行为规范、覆盖农业产业链条的生产性服务组织，打造一批以龙头企业为引领、以农民合作社为纽带、以家庭农场和农户为基础的农业产业化联合体，增强乡村产业发展的内生动力。

二、 总体要求

（一）指导思想。以习近平新时代中国特色社会主义思想为指导，全面贯彻党的十九大和十九届二中、三中全会精神，统筹谋划，整合资源，系统设计财政支持政策，推进农民合作社、家庭农场、农业产业化联合体等新型农业经营主体健康规范有序发展，引导新型农业经营主体提升关键发展能力、激发内生活力，开展集约化、标准化生产，完善利益分享机制，更好发挥带动小农户进入市场、增加收入、建设现代农业的引领作用。

（二）基本原则。坚持政府扶持，协调发展。充分发挥政策引导作用，通过先建后补、以奖代补等形式，扩大政策受惠面，对新型农业经营主体发展予以支持；充分发挥市场配置资源的决定性作用，运用市场的办法推进生产要素向新型农业经营主体优化配置。要因地制宜，推进各类新型农业经营主体之间协调发展，既不能搞平均主义，也不能好大恶小、厚此薄彼，为新型农业经营主体发展创造公平的市场环境。

坚持能力提升，高质高效。聚焦农产品加工、经营管理、市场营销等关键能力提升，推进新型农业经营主体高质高效发展，充分激发内生动力，不断提高市场竞争力。坚决反对只重数量、不重质量的面子工程；坚决避免一哄而上，搞运动式发展。

坚持联农带农，利益共享。既支持新型农业经营主体发展，也不忽视小农户尤其是贫困农户。重点支持和农民有紧密联系的、可让农民学习借鉴的、能带动农民增收致富的新型农业经营主体，有效发挥辐射带动作用，促进小农户与现代农业发展有机衔接。

坚持整合实施，统筹推进。鼓励各地统筹利用适度规模经营等政策支持资金，整合当地财政支农相关项目，优先支持新型农业经营主体发展，形成政策集聚效应，提高资金使用效益。

三、支持内容

支持实施农民合作社规范提升行动和家庭农场培育计划，积极发展奶农合作社和奶牛家庭牧场，培育创建农业产业化联合体，加快培育新型农业经营主体，加快构建以农户家庭经营为基础、合作与联合为纽带、市场需求为导向的立体式复合型现代农业经营体系。

一是支持开展农产品初加工。支持农民合作社、家庭农场应用先进技术，提升绿色化标准化生产能力，开展农产品产地初加工、主食加工，建设清洗包装、冷藏保鲜、仓储烘干等设施。支持依托农业产业化龙头企业带动农民合作社和家庭农场，开展全产业链技术研发、集成中试、加工设施建设和技术装备改造升级。二是提升产品质量安全水平。支持农民合作社、家庭农场、农业产业化联合体开展绿色食品、有机食品和地理标志农产品创建，建立完善投入品管理、档案记录、产品检测、合格证准出和质量追溯等制度，建设农产品质量安全检测相关设施设备，构建全程质量管理长效机制。支持奶农合作社和家庭牧场开展良种奶牛引进、饲草料生产、养殖设施设备升级及乳品加工和质量安全检测设施完善等。支持农业产业化龙头企业引领农民合作社、家

137

庭农场开展质量管理控制体系认定和产品追溯系统建设。

三是加强优质特色品牌创建。支持农民合作社、家庭农场、农业产业化联合体等新型农业经营主体加快培育优势特色农业，加强绿色优质特色农产品品牌创建，创响一批"独一份""特别特""好中优"的"乡字号""土字号"特色产品品牌。

四、 支持对象及方式

（一）支持对象。

一是农民合作社，支持县级以上农民合作社示范社及联合社，国家贫困县可放宽到规范运营的其他农民合作社。

二是家庭农场，主要支持纳入农业农村部门家庭农场名录的家庭农场（家庭牧场），其中家庭农场重点支持土地经营规模相当于当地户均承包地面积 10 至 15 倍或务农收入相当于当地二、三产业务工收入的农场；奶牛家庭牧场优先支持存栏量 50—500 头之间的中小规模牧场。

三是农业产业化联合体，主要支持组织管理规范、联农带农机制完善、经济效益明显的联合体的内部成员。

粮食类等大宗农产品生产的农民合作社、家庭农场等新型农业经营主体数量应占有一定比重。

（二）支持方式。

各地可根据实际，统筹利用中央财政农业生产发展资金中的适度规模经营资金以及自有财力等渠道予以支持。鼓励各地采取先建后补、以奖代补等方式，对农民合作社、家庭农场、农业产业化联合体等新型农业经营主体实施政策措施给予适当支持。其中，支持开展果蔬储藏窖、冷藏保鲜库及相关烘干设施建设，可参照以往农产品产地初加工政策补助标准；支持农业产业化联合体合作机制培育，由成员龙头企业牵头组织项目申报。

各地要结合本地实际确定具体支持对象、支持标准和支持方式。政策实施可与农机购置补贴、优势特色主导产业发展、农村一二三产业融合发展、有机肥替代化肥等政策统筹实施。鼓励有条件的省份，以县为单位开展整体推进示范，集中投入支持。

五、保障措施

（一）**强化政策组织领导**。各省农业农村部门要会同财政部门制定具体实施方案，明确支持对象、任务目标及管理措施等。各省要深入推进示范合作社建设，打造高质量发展的示范样板；完善示范家庭农场评定标准，发展一批规模适度、生产集约、管理先进、效益明显的家庭农场；加强农业产业化联合体的示范创建、监测指导，创新发展模式，促进产业深度融合发展。

（二）**完善利益联结机制**。各地要指导农民合作社、家庭农场、农业产业化联合体等新型农业经营主体，完善"保底收益＋按股分红"、股份合作、订单农业等利益联结机制，组织带动小农户开展标准化生产，促进小农户与现代农业有机衔接，让更多农户分享乡村产业发展政策红利，特别是与贫困户尤其是"三区三州"等深度贫困地区贫困户精准对接，助力脱贫攻坚。中央财政直接补助农民合作社形成的资产要量化到农民合作社成员。

（三）**创新资金监管方式**。各地要完善补助资金申报审批流程，严格申报主体的条件资质把关，确保补助资金发放公开公平公正。要创新信息化手段，运用农业农村部新型农业经营主体信息直报系统加强适度规模经营补助资金监管。要在直报系统中及时发布补助政策，让广大新型农业经营主体准确理解掌握政策内容和申报要求。获得适度规模经营资金补助支持的新型经营主体全部纳入直报系统认证管理，并及时填报支持内容、补助方式、补助金额等相关情况。鼓励各地探索补助资金从申请、审核、公示到发放的全过程线上管理。

（四）**加大宣传引导力度**。各地要通过多渠道解读扶持农民合作社、家庭农场、农业产业化联合体等新型农业经营主体发展的政策内容，及时宣传各地好的做法和模式，使新型农业经营主体准确理解掌握政策内容，提升自身发展能力，提高辐射带动小农户发展的积极性和主动性；要加大对农民合作社示范社、示范家庭农场、农业产业化示范联合体等新型农业经营主体的宣传推介力度，让农民群众照着学、跟着干，营造推动新型农业经营主体发展的良好舆论氛围。

农业农村部办公厅　财政部办公厅

2019 年 7 月 1 日